EDV-unterstützte Optimierung der Verwaltungssprache in Österreich am Beispiel einer öffentlichen Kontrolleinrichtung

Günter Fradinger

EDV-unterstützte Optimierung der Verwaltungssprache in Österreich am Beispiel einer öffentlichen Kontrolleinrichtung

PL ACADEMIC RESEARCH

Bibliografische Information der Deutschen Nationalbibliothek
Die Deutsche Nationalbibliothek verzeichnet diese Publikation in der Deutschen Nationalbibliografie; detaillierte bibliografische Daten sind im Internet über http://dnb.d-nb.de abrufbar.

Zugl.: Saarbrücken, Univ., Diss., 2014

D 291
ISBN 978-3-631-65493-4 (Print)
E-ISBN 978-3-653-04768-4 (E-Book)
DOI 10.3726/978-3-653-04768-4

PL Academic Research ist ein Imprint der Peter Lang GmbH.

Peter Lang – Frankfurt am Main · Bern · Bruxelles · New York · Oxford · Warszawa · Wien

Diese Publikation wurde begutachtet.

www.peterlang.com

Meiner Ehefrau Anita gewidmet

Danksagung

Mein aufrichtiger Dank gilt Herrn Prof. Dr. Hans Haller für die hilfreichen Denkanstöße und konstruktiven Anregungen. Seine hervorragende und kompetente Betreuung, seine konstruktiv-kritischen Anmerkungen, haben das Zustandekommen dieser Arbeit ermöglicht.

Ganz besonders herzlich bedanken möchte ich mich bei meinem Kollegen Rudolf Fischer für seine durchhaltende Aufmerksamkeit hinsichtlich der Realisierung dieser Arbeit.

Meinen aktuellen und ehemaligen Kolleginnen bzw. Kollegen des Kontrollamtes der Stadt Wien bin ich für die außerordentlich gute Zusammenarbeit zu Dank verpflichtet.

Insbesondere danke ich meiner Frau Anita. Ihr Verständnis und Hilfeleistungen in allen Belangen haben die Fertigstellung dieser Arbeit in den entscheidenden Stunden vorangetrieben und ausschlaggebend zu deren Zustandekommen beigetragen.

Mein tiefer Dank gilt meiner Mutter, meinem Vater sowie meinem Bruder, die mich in jeglicher Hinsicht immer unterstützt, entlastet und ermutigt haben.

Inhaltsverzeichnis

1. Einleitung

1.1 Hintergrund

Im Rahmen der Erstellung von Prüfberichten im Kontrollamt der Stadt Wien traten seit dem Jahr 2006 verstärkt Bemühungen auf, diese mithilfe einer einheitlichen und standardisierten Verwaltungssprache nach den historisch gewachsenen Richtlinien und den jeweils aktuellen Vorgaben des Kontrollamtsdirektors bzw. der Kontrollamtsdirektorin zu verfassen.

1.2 Motivation

Ziel war dabei vor allem, die auf Papier in einer Loseblattsammlung verfassten Richtlinien und Wörterbücher unter Zuhilfenahme einer elektronischen Lösung zusammenzufassen bzw. durch diese zu ersetzen und den Verfasserinnen bzw. Verfassern der Prüfberichte zur Unterstützung am Arbeitsplatz unmittelbar zur Verfügung zu stellen.

Als Eigenmotivation sollte dabei eine einheitliche Standardisierung für eine verbesserte Lesbarkeit und Verständlichkeit der Prüfberichte erreicht werden, damit deren Inhalte und Ergebnisse für den vorgesehenen Adressatinnen- bzw. Adressatenkreis leichter nachvollziehbar sind.

Der Einsatz einer EDV-unterstützten einheitlichen Verwaltungssprache am Beispiel des Kontrollamtes der Stadt Wien soll zeigen, dass mit einer derartigen Umsetzung eine im öffentlichen Auftrag stehende unabhängige Kontrolleinrichtung ihre Prüfberichte einheitlich und standardisiert erstellen kann.

1.3 Forschungsansatz - These

Für einen positiven und nachhaltigen Outcome durch die Prüfberichte bei den Adressatinnen bzw. Adressaten und für einen volkswirtschaftlichen Mehrwert scheint es zweckmäßig zu sein, Mängel und Fehler bei der Erstellung von Prüfberichten mit geeignetem Werkzeug zu begegnen, anstatt deren Konsequenzen in Kauf zu nehmen.

Mit Unterstützung einer sprachlichen Standardisierung soll ein einheitliches sprachliches Niveau bereits bei der Erstellung der Prüfberichte erreicht werden, damit deren Inhalte in einer gleichbleibenden Lesbarkeit und Verständlichkeit sowohl der Leitung als auch den Adressatinnen bzw. Adressaten zur Verfügung stehen.

1.4 Ziel der Arbeit

Ziel dieser Arbeit ist es festzustellen, inwieweit die Qualität von den Prüfberichten mit Unterstützung einer elektronischen Software-Lösung verbessert werden konnte bzw. wird, wobei sowohl die Wirtschaftlichkeit und die Zweckmäßigkeit der eingesetzten Mittel als auch die Akzeptanz aller an der Berichterstellung beteiligten Personen beleuchtet wird.

1.5 Untersuchungsmethodik

Grundlage der Verfassung der Arbeit sind die statistischen Auswertungen der Prüfberichte über einen dreijährigen Beobachtungszeitraum, beginnend mit der Einführung und der Inbetriebnahme der Software-Lösung und die Einzelbefragungen mit den beteiligten Personen zu erheben.

Eine zentrale Aufgabe der Arbeit ist dabei, das Standardisierungs- und Vereinheitlichungspotenzial anhand einer möglichen Effizienzsteigerung der Prüfberichtserstellung zu messen und eingehend zu analysieren.

1.6 Gliederung dieser Arbeit

Vorerst wird die Entwicklung der Verwaltungssprache als Fachsprache mit einem historischen Abriss dargestellt, wobei im 2. Kapitel der wesentliche Charakter der Verwaltungssprache als Fachsprache für die Verwaltung skizziert wird.

In Kapitel 3 wird beschrieben, wie sich die gegenwärtige Verwaltungssprache, deren Wurzeln in der Zeit der Donaumonarchie gelegen sind, über die verschiedenen zeitlichen Epochen hin entwickeln und etablieren konnte.

Anhand von Beispielen werden Austrozismen, Intonation und Betonung sowie grammatikalische Besonderheiten der österreichischen Sprachregelung vorgestellt.

Im 4. Kapitel wird die Intention der gegenwärtigen Verwaltungssprache als Fachsprache mit ihren wesentlichen Merkmalen und Ausdrucksformen hinsichtlich deren Aufgaben und den damit verbundenen Zielen analysiert.

Hierbei wird die Sprache und die an sie gestellten Anforderungen bzgl. des Umgangs der Bürgerinnen bzw. Bürger mit der öffentlichen Verwaltung untersucht.

Im 5. Kapitel werden Rahmenbedingungen und Modelle zur Messung der Textverständlichkeit der Verwaltungssprache vorgestellt und analysiert, um zu prüfen, inwieweit damit Kommunikationsbarrieren und Verständigungsschwierigkeiten zwischen Bürgerinnen bzw. Bürgern und der Verwaltung überwindet bzw. vermieden werden können.

Diesbezüglich werden verschiedene Stil- und Ausdrucksweisen einer näheren Betrachtung unterzogen, mit denen die Textgestaltung von Prüfberichten vereinfacht und standardisiert werden soll.

Im 6. Kapitel wird der Sprachstil der Verwaltung in Bezug auf eine effizientere Textgestaltung der Prüfberichte von öffentlichen Kontrolleinrichtungen näher beleuchtet.

Im darauffolgenden Kapitel werden Qualitätskriterien und Gestaltungsmaßnahmen analysiert und untersucht. In diesem Zusammenhang werden im 7. Kapitel qualitätssichernde Möglichkeiten zur Umsetzung und Verifizierung von Standardisierungsrichtlinien und -vorgaben einer kritischen Betrachtung unterzogen.

Die Institution „Kontrollamt der Stadt Wien" und deren Aufgaben werden im 8. Kapitel vorgestellt, wobei der Fokus auf die Methoden einer Qualitätssicherung und -steigerung hinsichtlich ihrer sprachlichen Ausführungen gerichtet ist.

Dazu werden u.a. auch die Auswahl und die Entscheidungskriterien für eine elektronische Umsetzung beschrieben, um zu einer Verbesserung und Sicherung der Qualität der Prüfberichte zu gelangen.

Eine Besonderheit der Verwaltungssprache des Kontrollamtes der Stadt Wien wird im 9. Kapitel mit der bundesverfassungsgesetzlich verankerten Umsetzung des „Geschlechtergerechten Formulierens" dargestellt und anhand von Beispielen erläutert.

Im 10. Kapitel wird der Korpus dieser Arbeit mit der Beschreibung der Themengebiete, der Textsorte und dem konkreten Adressatinnen- bzw. Adressatenkreis vorgestellt.

Ausgewählte Indikatoren zur Steigerung und Wahrung der Qualität der Inhalte und Wahrung der Substanz der Prüfberichte werden im 11. Kapitel diskutiert. Dabei werden die Texte der Prüfberichte mithilfe von Indikatoren in Bezug auf Lesbarkeit und Verständlichkeit, Orthografie und Grammatik, Abkürzungs- und Akronymkontrolle sowie die Stilprüfung der Verwaltungssprache der Stadt Wien und des „Geschlechtergerechten Formulierens" beurteilt.

Das 12. Kapitel setzt hierfür mit konkreter Analyse der Prüfberichte aus den Geschäftsjahren 2008 bis 2011 fort, wobei im Kapitel 13 die Untersuchungsergebnisse diskutiert werden.

Das 14. Kapitel beinhaltet eine Evaluierung der aus Kapitel 13 gewonnenen Ergebnisse aus Sicht der Beteiligten.

Abschließend werden in einem Resümee in Kapitel 15 die Ergebnisse bewertet und die daraus gewonnenen Schlussfolgerungen in einem Fazit zusammengefasst.

2. Historische Entwicklung

2.1 Übergang vom späten Mittelalter zur frühen Neuzeit

Die Grundlagen einer österreichischen Verwaltungssprache gehen auf Kaiser Maximilian I. (1459 - 1519), den Sohn Friedrichs III. zurück. Dieser errichtete zur Regierung der österreichischen Erbländer ein „wohlorganisiertes Verwaltungs- und Kanzleiwesen". Urkunden und Schriftstücke der Hofkanzlei gelangten auch in einige süddeutsche Städte, sodass sich die einheitliche Gestaltung der Maximilianischen Kanzleisprache in Österreich und Bayern etablieren konnte.[1]

Die Bemühungen zur Erfassung der damaligen deutschen Sprache zeigen sich in der *Descriptio linguae vulgaris per superiorem Germaniam* des Hofkaplans L. Suntheim und dem Opus *grammaticale de lingua Germanica certis adstricta legibus* des österreichischen Protonotars Hans Krachenberger *(Gracchus Pierius)*.[2]

Der Kanzler von Maximilian I., Niklas Ziegler, beseitigte viele Konsonantendoppelungen in der vorherrschenden Rechtschreibung wie z.B. z für cz (Zins statt Czins) und förderte damit die vom Hof erwünschten Bestrebungen zur Vereinheitlichung der Verwaltungssprache, da es zum damaligen Zeitpunkt unterschiedliche Schreibvarianten gab.[3]

Seit dieser Zeit wurde die offizielle kaiserliche Korrespondenz in sprachlich einheitlicher Art und Weise verfasst, und zwar unabhängig von welchem Ort der Monarchie (Wien, Innsbruck, Gent, Brüssel usw.) diese versendet wurde.[4]

Die kaiserliche Kanzlei galt als Vorbild sowohl für die anderen Kanzleien des Donaugebietes als auch für die lokalen Druckersprachen, welche ihre eigenen Varianten Zug um Zug verwarfen.

Als Beispiele seien hier erwähnt, dass in Augsburg im 15. Jahrhundert *au* für ein langes *ā*, (*Legaut* an Stelle von *Legāt*) oder *Strauff* an Stelle von *Strāfe*

1 Vgl. zit. nach Wiesinger 2006c, S. 243.
2 Vgl. Bach 1938, S. 139-140.
3 Vgl. Bach 1938, S. 203.
4 Vgl. Bach 1938, S. 203.

verwendet wurden. Diese Sprachformen wurden unter dem Einfluß der Maximilianischen Kanzleisprache verdrängt.[5]

In der Zeit von 1550 bis 1770 befanden sich im deutschsprachigen Raum jedoch Sprachzentren wie bspw. das Obersächsisch-Meißnische, das als Basis für die Bibelübersetzungen Martin Luthers (1483 - 1546) diente. Dieser Sprachtyp war in erster Linie die Gebildetensprache, die als Richtlinie für das „gesprochene und das geschriebene Deutsch" galt.[6]

Parallel dazu entwickelte sich, unterstützt durch die kaiserliche Hofkanzlei mit Sitz in Wien, die bairisch-österreichische Sprachvariante mit ihrem stark heterogenen Sprechverhalten und ihrer Schriftsprache anders als im deutschen Sprachraum.[7]

2.2 Aufklärung

Der altösterreichische Sprachforscher Johann Balthasar von Antesperg (1682 -1765) berücksichtigte bereits im Jahr 1747 die österreichischen Schrift- und Sprachvariationen,[8] die von Johann Siegmund Popowitsch (1705 - 1774) als Professor für deutsche Sprache an der Universität Wien von 1753 bis 1766 in seinem Grammatikwerk „Die nothwendigsten Anfangsgründe der Teutschen Sprachkunst" von 1754 weitergeführt wurden.[9] Sein Schaffen hatte zeitweilig so viel Erfolg, dass seine eigene Grammatik für den Gebrauch in den österreichischen Schulen gelehrt wurde, um die österreichisch-süddeutschen Sprachformen als normstiftend für eine deutsche Einheitssprache festzulegen.[10]

Dies scheiterte jedoch am gleichzeitigen Wirken von Johann Christoph Gottsched (1700 - 1766) in Leipzig, der die deutsche Sprache nach dem meißnischen Sprachgebrauch normierte. Maßgeblich war dabei sein Werk „Vollständigere und Neuerläuterte Deutsche Sprachkunst" von 1748, das die allgemeine Durchsetzung der Substantivgroßschreibung vorsah und großen Einfluss am Hof in Wien ausübte.[11]

Letztlich wurde der spätbarocke Sprachenstreit vonseiten der Politik entschieden. Kaiserin Maria Theresia (1717 - 1780) zögerte zwar lange, scheute

5 Vgl. Bach 1938, S. 203.
6 Vgl. Bach 1938, S. 203.
7 Vgl. Wiesinger 1988, S. 14.
8 Vgl. Back 1997, S. 795.
9 Vgl. zit. nach Wiesinger 2006a, S. 268.
10 Vgl. von Wurzbach 1872, S. 109.
11 Vgl. Bach 1938, S. 202-203.

sich aber letzten Endes, einen sprachlichen Sonderweg einzuschlagen, da in den protestantischen Ländern bereits eine definitive Entscheidung zugunsten der Gottsched'schen Grammatik und Rechtschreibung gefallen war. Dies zeigte sich auch an der Einsetzung der Gottsched'schen Grammatik als Standard und Kanzleisprache im Jahr 1774 im Zusammenhang mit der Einführung der allgemeinen Schulpflicht in den habsburgischen Erblanden.[12]

Im Jahr 1780 wurde diese Entscheidung von Kaiserin Maria Theresia's Sohn und Nachfolger Joseph II. (1741 - 1790) bestätigt und die Gottsched'sche Variante auch für das Beamtentum als Norm bzw. verpflichtend eingeführt. In weiterer Folge schlossen sich neben anderen süddeutschen Staaten wie dem Herzogtum Bayern auch das Erzbistum Salzburg der Entscheidung Wiens an.[13]

Eine weitere Vereinheitlichung der deutschen Schriftsprache gelang Christian Adelung (1732 - 1806), für den ebenso „das Obersächsische" als Grundlage der Schriftsprache diente. So ist sein damaliges Wirken in Form einer Regel in der deutschen Rechtschreibung für die Schreibung der s-Laute bis in die heutige Orthografie hinein erkennbar.[14]

Diese besagt, dass der stimmlose s-Laut [s] als „ss" oder als „ß" (Eszett) zu schreiben ist, sofern er nicht als einfaches „s" geschrieben wird.

Die Durchsetzung und Verbreitung des Adelung'schen Regelwerkes wurde vor allem durch die strikte Anwendung der Schriftsteller wie bspw. Johann Wolfgang von Goethe (1749 - 1832) und Christoph Martin Wieland (1733 - 1813) intensiviert.[15]

In Österreich war das Ansehen von Adelung derart groß, dass das von ihm verfasste Wörterbuch bis ins Jahr 1876 stets in neuen Auflagen erschien.[16]

In der Regierungszeit von Kaiser Joseph II. bemühte sich der österreichische Schriftsteller der Aufklärung, Verwaltungsreformer und Professor der politischen Wissenschaften an der Universität Wien, Joseph Freiherr von Sonnenfels (1733 - 1817), die Vereinheitlichung der deutschen Sprache sowie eine Reduzierung der Sprachenvielfalt in der Verwaltung innerhalb des österreichischen Vielvölkerstaates zu erreichen.

Bereits im Jahr 1781 bestellte Kaiser Joseph II. Freiherr von Sonnenfels zum Mitglied der Studienhofkommission, die 1760 von Kaiserin Maria Theresia als zentrale Planungs-, Lenkungs- und Verwaltungsinstitution für Universitäten

12 Vgl. zit. nach Wiesinger 1988, S. 14-16.
13 Vgl. zit. nach Wiesinger 2006c, S. 249-250.
14 Vgl. Noack 2000, S. 157.
15 Vgl. Noack 2000, S. 157.
16 Vgl. Back 1997, S. 795.

und Gymnasien eingerichtet worden war. In diesem Zusammenhang wurde ihm die Aufgabe zur Überprüfung eines einheitlichen Stils von Gesetzen und Regierungserlässen übertragen, um auf diese Weise die Amtssprache weiter zu vereinheitlichen.

Damit gelang es Sonnenfels, seine geplanten juristischen und sprachkritischen Vorhaben zu vereinen und im ganzen Reich zu verbreiten.[17]

Im Gegensatz zu Gottscheds mechanischer und puristischer Methode versuchte Sonnenfels, die Aufgabe mit einem pragmatischen aufgeklärten Ansatz zu lösen. Oberstes Ziel seiner Reformgedanken war eine allgemeine Verständlichkeit des Sprachgebrauches für die staatliche Verwaltung zu erreichen. Im Jahr 1784 schaffte Sonnenfels mit seinem Buch „Über den Geschäftsstil: die ersten Grundlinien für angehende österreichische Kanzleybeamten" ein Standardwerk, das bis ins Jahr 1848 vor allem an den juridischen Fakultäten der österreichischen Universitäten in Verwendung stand.[18]

In seinem Werk vertrat Sonnenfels deutlich, sich nicht an einem abstrakten Ideal wie dem der Sprachreinheit zu messen, sondern sich nach Maßgabe des Sprachschatzes der gemeinverständlichen Alltagssprache zu bedienen.

Eine wesentliche Forderung Sonnenfels war es, „rhetorische" und „schwulstige" Floskeln so weit wie möglich zu entfernen.

Übersichtliche Gliederung der Ausführungen wie auch Kürze, Prägnanz der Textinhalte und Berichte galten für Sonnenfels als oberster Leitsatz.

Seine Ansichten sollen mit folgenden Zitaten näher beleuchtet werden:

„Bei einem jeden Aufsatze wird eine zweyfache Deutlichkeit gefordert: Deutlichkeit von Seite des Stoff, und Deutlichkeit von Seite der Sprache."[19]

„Man sieht, daß diese Ordnung, mit der Auflösungsmethode, oder der Methode der Erfindung in der Vernunftlehre übereinfällt; sie ist die schwerste, und setzt bei dem Schriftsteller, der davon Gebrauch machen soll, einen hellen Kopf und die vollständigste Kenntniß seines Gegenstandes im Ganzen und nach allen Theilen voraus: aber sie ist die *einzige*, durch welche über Aufsätze von größerem Umfange die nothwendige *Deutlichkeit* verbreitet werden kann."[20]

„Der Neologismus ist die Anwendung selbstgeschmiedeter Wörter, oder solcher, welche nicht lange von andern aufgefunden worden, und die Aufnahme durch einen allgemeinem Gebrauch noch nicht erhalten haben. Sie ist also neu, nicht jedermann bekannt, oder doch, ihre Bedeutung ist nicht bestimmt.

17 Vgl. Wiesinger 2008a, S. 327.
18 Vgl. Stachel 2001, S. 9.
19 von Sonnenfels 1784, S. 24.
20 von Sonnenfels 1784, S. 27.

Woferne sie also auch der schöne Geist, oder sonst der Mann von Wissenschaft verstünde, wenigstens der grössere Theil der Leser wird sie nicht verstehen: und abermal der *Haufen*, besonders in Aufsätzen, muß dem Schriftsteller den Maßstab geben: denn was dem gemeinen Manne verständlich ist, wird es auch dem Gelehrten seyn; aber umgekehrt nicht ebenso."[21]

„Hätte man das Wesen eines Berichts in einer Beschreibung zusammenzufassen; so würde man sagen: es sey ein Aufsatz einer unteren Stelle an die unmittelbar höhere, worin die Veranlassung ins Klare gesetzt, und was dabei vorzukehren ist, als ein Gutachten beigerückt wird. Offenbar, oder doch versteckterweise hat nach dieser Beschreibung jeder Bericht drey Theile: die *Veranlassung* - die *Untersuchung* - und das *Gutachten*."[22]

Die wesentliche Zielsetzung des Lehrbuches von Sonnenfels war, die Verwaltungssprache dermaßen zu glätten und zu normieren, dass sie im ganzen Vielvölkerstaat einheitlich und durchgehend angewandt werden konnte. Dabei stand als Prämisse fest, dass „Beamtete" ohne weitere zusätzliche Einschulung und Einarbeitung sofort nach Versetzung in eine neue Dienststelle ihrer Tätigkeit nachgehen können. Damit wurde das Lehrbuch zu einer bedeutenden Grundlage der allgemeinen österreichischen Standardvariante der deutschen Sprache.

Hervorzuheben ist auch, dass von Sonnenfels sämtliche Lehrwerke selbst in Deutsch anstelle des Lateins als Wissenschaftssprache verfasste und er seinen Unterricht auch in deutscher Sprache hielt.[23]

Der Versuch Kaiser Josephs II. im Jahr 1784, Deutsch anstatt Latein als alleinige Amtssprache sowohl in den österreichischen Erblanden und anderen Teilen des „Heiligen Römischen Reichs deutscher Nation" als auch im Königreich Ungarn zu etablieren, scheiterte zunächst.

In einem ersten Schritt gelang ihm, die bereits von seiner Mutter Kaiserin Maria Theresia eingeleiteten Reformen an den Universitäten vorherrschenden lateinischen Unterrichtssprache durch das Deutsche zu ersetzen.

Damit wurde es möglich, den öffentlichen Organen der Verwaltung gut ausgebildete Beamte des höheren Dienstes zur Verfügung zu stellen. Diese versetz- und disziplinierbaren Ministerialen des Staates sollten die regional vorherrschende ständische Administration mit ihrer Vielsprachigkeit ersetzen. Hierbei sollte die Beamtenschaft der Habsburgermonarchie bewusst im Sinne eines übernational

---

21 von Sonnenfels 1784, S. 209.

22 von Sonnenfels 1784, S. 210.

23 Vgl. Wiesinger 2006a, S. 277.

ausgerichteten Gesamtstaatenbewusstseins ausgebildet werden. Dies wurde auch deshalb angestrebt, da die Vielsprachigkeit zwar Hoffnung aber auch Gefahr für das gesamte Staatswesen durch den bereits aufkommenden und sich stetig verbreitenden Nationalismus bedeutete.[24]

2.3 Vom Vormärz bis zum Ersten Weltkrieg

Seit dem Ende des Wiener Kongresses im Jahr 1815 bildete die Gruppe der Beamten eine eigene Gesellschaftsschicht und waren Teil des intellektuellen Bürgertums im Kaisertum Österreich. Viele Schriftsteller waren berufliche Beamte und wirkten damit wiederum auch auf den höheren Sprachgebrauch außerhalb der Verwaltung ein. Prominentestes Beispiel dafür ist der österreichische Hofbeamte und Dramatiker Franz Grillparzer (1791 - 1872), dem allerdings von kritischen Zeitgenossinnen bzw. Zeitgenossen, besonders von Karl Postl (alias Charles Sealsfield) (1793 - 1864)[25] wegen seiner Habsburg-Dramen „Ein Bruderzwist im Hause Habsburg“[26] und „König Ottokars Glück und Ende“[27], eine zu starke Anbiederung an das österreichische Herrscherhaus vorgeworfen wurde.

Ein weiterer prominenter Jurist und Beamter war der Dichter Johann Wolfgang von Goethe (1749 - 1832), der unterschiedliche politische und administrative Ämter am Hof von Weimar ausübte.

Das Spannungsfeld zwischen dem „österreichischen Deutsch“ und dem „deutschen Sprachpurismus“ verfestigte sich nach der Beendigung des Deutschen Bundes im Jahr 1866 und der neukonstituierten Monarchie Österreich-Ungarn im Jahr 1867.

Im Vorwort von Hermann Lewi's (1842 - ?[28]) Werk „Das österreichische Hochdeutsch. Versuch einer Darstellung seiner hervorstechensten Fehler und fehlerhaften Eigenthümlichkeiten“ beschreibt dieser die Bemühungen in seiner Zeit, „die Sprache desjenigen österreichischen Volksstammes, welcher der

24 Vgl. Stachel 2001, S. 8.
25 Vgl. Telesko 2006, S. 167.
26 Vgl. Telesko 2006, S. 24.
27 Vgl. Telesko 2006, S. 264.
28 Vgl. aus Matriken/Vienna Jewish Records Office der Israelitischen Kultusgemeinde Wien: Hermann Lewi, Correktor, Wien VI, Engelgasse 9, geboren am 20. März 1842 in Kozmin, Provinz Posen in Preussen, jüdisch geboren, seit 24. April 1870 evang. HV, seit 31. Dezember 1871, wieder jüdisch, keine weiteren Daten vorhanden.

Hauptträger der Kultur in diesem schönen Lande ist, zu reinigen und veredeln, in der richtigen Erkenntnis, dass Pflege der Sprache, als des deutlichsten Gepräge der Volksseele unzertrennlich ist von der Pflege des geistigen Lebens eines Volkes überhaupt."

Darin wurde u.a. festgehalten, dass „das österreichische Hochdeutsch ebenso gut und ebenso schlecht sei wie das der anderen Deutschen." Er machte damit den Österreicherinnen bzw. Österreichern bewusst, dass ihre Muttersprache „mehr als todte Laute" sind, indem er festhält: „Todt ist ja das Wort nur für Den, der es nicht versteht; den Verstehenden ist jedes Wort ein lebendes Wesen."[29]

Des Weiteren hielt er zum damaligen Kanzleistil bereits Folgendes fest:

„Dass der Kanzlei- und Geschäftsstiel überall seine Zöpfe und Sonderbarkeiten hat, ist bekannt, nur will mir scheinen, dass es der österreichische dem anderswo üblichen an Zopfigkeit, Sonderlichkeit und Unklarheit zuvorthut. Die der hiesigen Kanzlei- und Geschäftssprache angehörigen Worte und Redensarten tragen im allgemeinen als Merkmal die Häufung der Präpositionen und Vorsilben, und der umständlichere, schwerfälligere, kompliciertere Ausdruck wird meistens dem anderswo gebräuchlichen einfacheren vorgezogen, abgesehen von den gegen Grammatik und Lexikon vorkommenden Verstößen."[30]

Ab dem Jahr 1870 schließlich gewannen die Arbeiten der deutschen Gymnasiallehrer Konrad Duden (1829 - 1911) und Daniel Sanders (1819 - 1897) zunehmend an Bedeutung, deren Zielsetzungen es war, dass die Rechtschreibung von einer breiten Bevölkerungsschicht verstanden und beherrschbar sein sollte.[31]

Im Jahr 1876 tagte die Erste Orthographische Konferenz „zur Herstellung größerer Einigung in der deutschen Rechtschreibung"[32], später auch „Erste Orthographische Konferenz" genannt. Diese wurde vom preußischen Kultusminister Adalbert Falk (1827 - 1900) in Berlin einberufen.

Vom 4. bis 15. Jänner 1876 diskutierten eine Expertengruppe darunter auch Konrad Duden und Daniel Sanders, über „Sprache und Orthographie".

Basis der Diskussion war folgender Entwurf des Germanisten Rudolf von Raumer (1815 - 1876), wie folgende Abb. 2-1 zeigt:

29 Lewi 1875, S. III.

30 Lewi 1875, S. 21-22.

31 Vgl. Back 1997, S. 796-797.

32 Vgl. Back 1997, S. 797.

Verben auf „-iren“, „-ieren“ sollten ausschließlich mit ie geschrieben werden.
Das „th“, sollte in den Endungen „-tum“, „-tüm“ ganz wegfallen und nur im Anlaut vor einfachen Vokalen stehen bleiben. Beispiele für die richtige Schreibung wären „Altertum“, „Ungetüm“ und „Thor“, „Unterthan“.
Die Vokalverdoppelung sollte in Wörtern wie „Ware“, „Schar“ beseitigt werden, aber in „Saal“, „Paar“ etc. bleiben.
Die häufige Endung -„niß“, z.B. in „Gleichniß“, sollte durchgehend als „-nis“ geschrieben werden.
Die Lautverbindung „schst“ sollte zur Gänze vermieden werden. Beispiele sind du „wäscht“, statt du „wäschst“.
Pluralformen wie „Theorieen“, „Sympathieen“ sollten allgemein mit doppeltem ee geschrieben werden.
Falsche Schreibeweise wären „Theorien“ bzw. „Sympathien“.
Betreffs der Orthografie der Fremdwörter wich die neuere bairische Orthografie von der norddeutschen ab, insofern sie „z“ für „c“ in weiterem Umfang einführte, z.B. auch in „Zivil“, „Zentrum“ für „Civil“, „Centrum“.

Abb. 2-1: Diskussionsentwurf I. Orthographische Konferenz.[33]

Dieser Entwurf wurde jedoch wegen der zu weitgehenden Änderungen nicht umgesetzt; somit wurde im Jahr 1876 keine Einigung über eine einheitliche gesamtdeutsche Orthografie gefunden.[34]

In der Folge wurden im Jahr 1879 die in Österreich üblichen schriftsprachlichen Gewohnheiten als „Regeln und Wörterverzeichnis für die deutsche Rechtschreibung“ im „kaiserlich-königlichen Schulbücher Verlage“ kodifiziert.[35]

Obwohl zur damaligen Zeit in den einzelnen Teilen des deutschen Sprachraumes eine Vielzahl von Rechtschreibwörterbüchern bestand, existierte nunmehr eine überregionale kaiserliche Kanzleisprache.[36]

Ab dem Jahr 1880 fand aber auch das Wörterbuch von Konrad Duden immer mehr im Kaisertum Österreich Akzeptanz, obwohl es sich vorwiegend an den preußischen und bairischen Regelungen orientierte. Auch von großer Bedeutung war das „Orthographische Hilfsbuch als Norm für Schriftsetzer und Druckberichtiger“ aus dem Jahr 1879 von Daniel Sanders, das in vielen Druckereien in Österreich-Ungarn anerkannt wurde.[37]

---

33 Vgl. Meyer 1905, S. 665-667.

34 Vgl. Back 1997, S. 797.

35 Vgl. zit. nach Wiesinger 1988, S. 16.

36 Vgl. Back 1997, S. 7.

37 Vgl. Back 1997, S. 797-798.

Aus dem gemeinsamen Verwaltungskörper und dem kulturellen Austausch im Kaisertum Österreich bzw. der Doppelmonarchie Österreich-Ungarn wurden zahlreiche Lehnwörter aus dem Tschechischen, Ungarischen, Italienischen, Slowenischen, Kroatischen, Serbischen usw. in das österreichische Deutsch aufgenommen, die bis zum heutigen Tag angewandt werden.

Als Beispiele seien genannt: aus dem Italienischen „Krida" (fahrlässiges, betrügerisches Herbeiführen der Zahlungsunfähigkeit); aus dem Französischen „Rayon" (Dienstbereich); aus dem Ungarischen „Schinakel" (Ruderboot); und aus den slawischen Sprachen „Tschusch" (abwertend für Fremder).[38]

Auf Einladung des Staatssekretärs des Reichsamtes für Inneres fanden vom 17. bis 20. Juni 1901 in Berlin „Beratungen über die Einheitlichkeit der deutschen Rechtschreibung" statt, die als „Zweite Orthographische Konferenz" bekannt wurde. Dabei kamen 26 Bevollmächtigte der deutschen Länder und ein österreichischer Kommissar sowie Vertreter einiger Institutionen wie Kirche, Verwaltung etc. und des Buchgewerbes zusammen und berieten über die Normierung einer einheitlichen deutschen Orthografie. Auch nahmen Konrad Duden und Wilhelm Wilmanns, die schon bei der „Ersten Orthographischen Konferenz" anbei waren, teil. Diesmal galt es die Ergebnisse verbindlich umzusetzen, sodass diese zum ersten Mal für den ganzen deutschen Sprachraum gültig waren und mit der 7. Auflage 1902 des Orthographischen Wörterbuchs Duden (DUDEN 1903) umgesetzt wurden.[39]

2.4 Österreich in der Zwischenkriegszeit

Im Zuge der Verabschiedung des österreichischen Bundes-Verfassungsgesetzes (B-VG) im Jahr 1920 hat der damalige Verfassungsgesetzgeber schließlich die deutsche Sprache ohne nähere Spezifikation in Art. 8 Abs 1 B-VG als offizielle Staatssprache festgeschrieben.[40]

„Die Staatssprache der Republik ist, unbeschadet der den sprachlichen Minderheiten gesetzlich eingeräumten Rechte, die deutsche Sprache."[41] Demnach wurde in der Republik Österreich nach dem Ersten Weltkrieg kein „österreichisches Deutsch" gesprochen.

38 Vgl. Ebner 1988, S. 165-166 u. 168-169.

39 Back 1997, S. 798.

40 Kundgemacht am 10. November 1920, BGBl. I, 1920/1.

41 Vgl. Gesetz vom 21. Oktober 1919 über die Staatsform, StGBl. 1919/484.

2.5 Österreich nach 1945

Nach Ende des Zweiten Weltkrieges gab es in Österreich Bestrebungen ein einheitliches Wörterbuch zu schaffen, das als Grundlage der auch in Österreich geltenden Schriftsprache dienen sollte.

Der oben erwähnte Art. 8 Abs 2 B-VG wurde später ergänzt und erkannte nunmehr auch die bodenständigen Minderheitensprachen in Österreich an, welche aber keine signifikanten Auswirkungen auf die weitere Entwicklung der Verwaltungssprache hatte.[42]

Er lautete zu diesem Zeitpunkt:

(1) Die deutsche Sprache ist, unbeschadet der den sprachlichen Minderheiten bundesgesetzlich eingeräumten Rechte, die Staatssprache der Republik.

(2) Die Republik (Bund, Länder und Gemeinden) bekennt sich zu ihrer gewachsenen sprachlichen und kulturellen Vielfalt, die in den autochthonen Volksgruppen zum Ausdruck kommt. Sprache und Kultur, Bestand und Erhaltung dieser Volksgruppen sind zu achten, zu sichern und zu fördern.[43]

Weiters wurde mit Verordnungsblatt des Bundesministeriums für Unterricht vom 1. Jänner 1950 der Erlass 4 vom 30. November 1949 publiziert, welcher nunmehr die Neuauflage des amtlichen Regel- und Wörterverzeichnisses des in Österreich gebräuchlichen Wortschatzes enthielt und für alle Fragen der Rechtschreibung, die erfahrungsgemäß in Schule, Amt und Büro auftauchen, die passende Lösung zu finden.[44]

Im Jahr 1951 wurde das Österreichische Wörterbuch im Vorwort zur ersten Auflage als ein „Wörterbuch der guten, richtigen deutschen Gemeinsprache“ bezeichnet, das neben seiner Aufgabe „Grundlage der Rechtschreibung in den Schulen und Ämtern Österreich“ zu sein, auch bis in die Gegenwart in seinen weiteren Auflagen als Basis für das eigenständige Arbeiten von Schülerinnen bzw. Schülern ab dem zehnten Lebensjahr dienlich ist. Dieses Österreichische Wörterbuch gilt als Standardwerk der deutschen Sprachvarietät in Österreich, das neben dem allgemeinen Wortschatz auch die Sachgebiete wie Administration, Rechtswesen, Medizin, Physik, EDV etc. sowie Fremdwörter und Fachausdrücke enthält.

Das Österreichische Wörterbuch hat darüber hinaus die Aufgabe, als Basis der verwendeten Rechtssprache zu dienen. Letztere soll die Grundlage und den

---

42 Kundgemacht am 2. Jänner 1930, BGBl. I, 1930/1.

43 Kundgemacht am 8. August 2000, BGBl. I, 2000/1.

44 Back 1997, S. 799.

Rahmen der Verwaltungssprache bilden, da die öffentliche Verwaltung eines mitteleuropäischen Staates aufgrund seiner Verfassung an Gesetz und Recht gebunden ist. Beide ergänzen einander, sind eine gemeinsame Fachsprache mit einer gegenstandsadäquaten Terminologie, einer spezifischen Syntax und mit charakteristischen Textstrukturen, die in der Administration in Verwendung stehen.[45]

45 Vgl. Back 1997, S. 7.

3. Sprachregelung in Österreich

Das „österreichische Deutsch“ dessen historische Entwicklung in Kapitel 2 ausführlich dargestellt wurde, wird von der Sprachwissenschaft zum Teil infrage gestellt, obwohl „Sprache und Nationalität voneinander unabhängig“ sind, wie Pohl diesbezüglich erläutert.[46]

Kritisiert wird vor allem, dass in Österreich differenzierte Ausprägungen der deutschen Sprache verwendet werden, die großteils bairischen Ursprungs oder alemannischer Herkunft sind und das „Österreichische“ quasi eine Dialektvariante der deutschen Sprache darstellt.[47]

3.1 Binnendeutscher Sprachgebrauch

Kontrovers zu obigen Ansichten halten andere Sprachwissenschaftlerinnen bzw. Sprachwissenschaftler fest, dass grundsätzlich nicht von einer einzigen einheitlichen deutschen Sprache ausgegangen werden kann, da österreichische Termini auch in angrenzenden deutschsprachigen Territorien vorgefunden werden.[48]

Insoferne müsse von einer „binnendeutschen“ Sprachform gesprochen werden und das Deutsche als plurizentrische Sprache mit einer standardisierten Schrift- und Verkehrssprache mit zahlreichen Varianten betrachtet werden, wobei sich auf dem österreichischen Territorium vor allem Besonderheiten des Bairischen ausbilden konnten.[49]

3.1.1 Bairisch-österreichische Ausprägungen

So zählt in Österreich bspw. die Monatsbezeichnung „Feber“ anstelle von „Februar“, die als Begriff „Feber“ noch immer auf den Parkscheinen der Stadt Wien und dem österreichischen Reisepass vorgefunden wird, zu den bairisch-österreichischen Ausprägungen.

46 Pohl 1998, S. 7.
47 Vgl. Pohl 1998, S. 12.
48 Vgl. Pohl 1998, S. 13.
49 Vgl. Pohl 1998, S. 8.

3.1.2 Alemannische Ausprägungen

Das westlichste Bundesland Österreichs, Vorarlberg, bringt die alemannische Mundart in das Bundesgebiet ein. Dies zeigt sich insbesondere in standardsprachlichen Ausdrücken, die sich im österreichischen Wortschatz manifestiert haben und sich in dem verwaltungstechnischen Wort „Drucksorte" für den Begriff „Formular" widerspiegeln.

Bemerkenswert ist dabei, dass die „Drucksorte" obige genannte Bezeichnung im an Vorarlberg unmittelbar angrenzenden Bayern nicht anzutreffen ist.[50]

3.1.3 Sprachliche Divergenzen und Austrozismen

Es gibt eine Reihe von unterschiedlichen Begriffen die in Österreich anders als in Deutschland verwendet werden, wie z.B. das Wort „Sessel" für „Stuhl". Umgekehrt entspricht aber in Deutschland der Begriff „Sessel" in Österreich dem Begriff „Fauteuil".

Diese Mehrfachbezeichnungen im schriftdeutschen Wortschatz sind charakteristisch für die österreichische Sprache, allerdings erschwert dies die Verwendung einer einheitlichen Verwaltungssprache.[51]

Die oben genannten unterschiedlichen Bezeichnungen nehmen jedoch in den letzten Jahrzehnten deutlich ab, sodass die Sprachform des österreichischen Deutsch auf einige traditionelle Ausdrücke, die die eigenstaatliche Tradition Österreichs charakterisieren, beschränkt werden kann.[52]

Diese in der Literatur als Austrozismen bezeichnet, können ihren Ursprung als Dialektwörter haben, die sich zu einem regionalen Standard weiterentwickelt haben.[53]

Als exemplarisches Beispiel sei der Terminus „Pickerl" erwähnt, der sich aus einem Dialektwort ableitet und in die österreichische Kraftfahrgesetz-Novelle (KFG 1967) von 1971 (§ 57a-Begutachtung) Eingang fand. Bis heute gilt diese Bezeichnung als Begriff für die Prüfplakette der jährlichen Sicherheitsüberprüfung für Kraftfahrzeuge in Österreich.[54]

Dieser Begriff wird von den Medien und der Wiener Landesverwaltung zunehmend durch den Begriff „TÜV-Pflicht" ersetzt und ist damit auch ein Beispiel

---

50 Vgl. Back 1997, S. 8.
51 Vgl. Back 1997, S. 8.
52 Vgl. Pohl 1998, S. 14-15.
53 Vgl. Ebner 2009, S. 442.
54 Vgl. Muhr 1995, S. 209.

für „langsames Aussterben“ typisch österreichischer Bezeichnungen wie auch der Begriff „Schlagobers“, der für „Sahne“ steht.[55]

Die sukzessive Eliminierung dieser Austrozismen wird nicht nur durch die Medien und die Vernachlässigung in der Anwendung im Alltagssprachgebrauch, sondern auch durch staatlich organisierte Eingriffe aus dem gegenwärtigen Sprachgebrauch vorangetrieben. So wurden charakteristisch österreichische Wörter wie z.B. „Inskriptionsfrist“ durch Organisationsänderungen im Universitätsbereich durch die Änderung auf „Zulassungsfrist“ außer Kraft gesetzt.[56]

3.1.4 Intonation und Betonung

In der deutschen Standardsprache werden in Österreich viele Wörter anders betont und intoniert ausgesprochen als in Deutschland. Obwohl davon keine typisch österreichischen Wörter betroffen sind, sind daran zumeist die sprachliche Abstammung der jeweiligen Sprecherin bzw. des jeweiligen Sprechers zu erkennen. Dieses vermeintliche „österreichische Deutsch“ ist dabei jedoch sprachgeografisch und keinesfalls staatlich zu sehen, da innerhalb von Deutschland gleichermaßen sprachangewandte Divergenzen vorliegen können.[57]

So werden beim „österreichischen Deutsch“ für „Arzt“ ein Kurzvokal und bei „Chef“ ein Langvokal verwendet.

Auch hinsichtlich der Akzentuierung sind österreichische Charakteristika zu erwähnen. So trägt z.B. das Wort „Mathematik“ in Österreich die Betonung auf der vorletzten Silbe, in Deutschland hingegen vorwiegend auf der letzten Silbe. Ebenso sind die Wörter „Kaffee“ und „Platin“ in Österreich auf der zweiten in Deutschland hingegen auf der ersten Silbe pointiert.

Ebenso unterschiedlich ist die Betonung von Fremdwörtern französischer Herkunft. So werden in Österreich bspw. solche, die auf „ge“ enden im Gegensatz zu Deutschland meist ohne auslautendes „e“ ausgesprochen z.B. „Charge“. Wörter wie z.B. „Chirurg“ werden in Österreich mit „k“ und in Deutschland hingegen mit „ch“ bzw. „sch“ ausgesprochen.[58]

Gleiches gilt auch für das Schreiben von Fremdwörtern, so z.B. „Cousine“ als in Österreich verwendete Vorzugsform anstelle von „Kusine“, wie es in Deutschland üblich ist.

---

55 Vgl. Redaktion 2012, S. 14.

56 Vgl. Bundesgesetz ü. d. Organisation d. Universitäten u. i. Studien (UniStG 2002 - UG) § 62.

57 Vgl. Ebner 2009, S. 466.

58 Vgl. Back 1997, S. 9.

3.1.5 Grammatikalische Besonderheiten bzw. Abweichungen

Grundsätzlich ist das grammatikalische System des „österreichischen Deutsch" in gleicher Weise geregelt wie im übrigen deutschen Sprachgebiet.[59] Dabei gelten als Bestandteile der Grammatik die Lexik, die Syntax und die Morphologie, basierend auf syntagmatischen und paradigmatischen Kombinationsregeln, den Reihefolgeregeln für Wort- und Satzgliederung und den damit verbundenen morpho-syntaktischen Formationsregeln und der Wortbildung.[60]

a) Morphologie

Bei diesem Teilgebiet der Grammatik wird versucht, funktionstragende Elemente einer Sprache sogenannte Morpheme, die die innere Struktur von Wörtern bilden auf ihre Bedeutung und Funktion zu überprüfen. Dabei zeigt sich bspw. ein Unterschied im deutschen Sprachgebrauch gegenüber dem Gebrauch des „österreichischen Deutsch" mit dem wesentlichen Merkmal einer Umlautvermeidung des Oberdeutschen sowie auch einer Umlautung von umlautfähigen Vokalen.[61]

Als Beispiel dafür sei das Substantiv „Erlass" mit der österreichischen Pluralform „Erlässe" versus der deutschen Form „Erlasse" genannt.

Darüber hinaus gibt es eine Reihe von Morphemen, die in Form von Präfixen sowie Suffixen und einfachen Wortbildungsmorphemen zu neuen Ableitungen sowie zu Wortneubildungen führen und einen weiteren Unterschied darstellen.[62]

Beispielshaft sei dazu die Verwendung des „-er" Suffix im „österreichischen Deutsch" erläutert: der Einser, der Zweier, der Dreier, ... der Zwölfer gegenüber die Eins, die Zwei, die Drei, ... die Zwölf usw. im deutschen Sprachgebrauch.

Weiters erwähnt seien die Derivationen mit „-ieren" bei Verben wie z.B. „delogieren" versus der Verwendung „rauswerfen" sowie der Gebrauch von unterschiedlichen Suffixen bei Adjektiven und Adverbien, die teilweise auch zu Bedeutungsunterschieden führen können, wie bspw. „durchwegs" gegenüber der Verwendung „durchweg".

Im „österreichischen Deutsch" werden bei Komposita an den Verbindungsstellen der ursprünglichen eigenständigen Wörter erforderliche Fugenlaute wie

---

59 Vgl. Ebner 2009, S. 471.
60 Vgl. Muhr 1995, S. 209.
61 Vgl. Muhr 1995, S. 215.
62 Vgl. Muhr 1995, S. 215.

z.B. -e-, s-, -es-, -n-, -en-, -er-, -ens- vorwiegend nach Gaumenlauten (g, k, ch) eingefügt.

Andererseits entfällt als besondere Eigenart in österreichischen Texten von Behörden wie auch in Gesetzestexten bei vielen Komposita ein in der Alltagssprache übliches und orthografisch korrektes Fugen-s.

Beispiele hierfür sind in Abb. 3-1 dargestellt:

Österreich	**Deutschland**	**Bemerkung**
„Gesangsbuch"	„Gesangbuch"	DUDEN[63] kennt beide Varianten.
„Gebrechensdienst"	„Gebrechendienst"	DUDEN[64] keine Variante bekannt.
„Schadenersatz"	„Schadensersatz"	Im österreichischen „Allgemeinen bürgerlichen Gesetzbuch" (ABGB) wird vom „Schadenersatz" gesprochen. Im deutschen „bürgerlichen Gesetzbuch" (BGB) ist jedoch von „Schadensersatz" die Rede.
„Schmerzengeld"	„Schmerzensgeld"	Juristensprache in Deutschland und Österreich unterschiedlich.[65]

Abb. 3-1: Fugen-s bei Komposita in Behörden- und Gesetzestexten.[66]

Als gegenteilige Beispiele zu den obigen Ausführungen seien das „Einkommensteuergesetz"[67] bzw. das „Körperschaftsteuergesetz"[68] genannt, die über kein Fugen-s verfügen.

Das Fugen-s findet im „österreichischen Deutsch" jedoch nicht nur bei Hauptwortkompositionen, sondern auch bei zusammengesetzten Partizipien Anwendung, erkennbar bspw. am Wort „skartierungswidrig" (ein Inventargegenstand der noch zu gebrauchen ist).

Anhand der oben angeführten Beispiele wurden morphologische Unterschiede dargestellt, die eine sprachliche Abgrenzung des „österreichischen Deutsch" zum deutschen Sprachgebiet zeigen.

Im folgenden Abschnitt werden in einem weiteren Schritt die syntaktischen Unterschiede in der Grammatik des „österreichischen Deutsch" gegenüber dem Gebrauch in Deutschland untersucht bzw. skizziert.

---

63 Vgl. DUDEN 2011, S. 673.

64 Vgl. DUDEN 2011, S. 707.

65 Vgl. Ebner 2009, S. 463.

66 Eigene Darstellung.

67 Vgl. Österreichisches Einkommensteuergesetz 1988, Fassung vom 16. Juni 2013.

68 Vgl. Österreichisches Körperschaftsteuergesetz 1988, Fassung vom 16. Juni 2013.

b) Syntaktische Unterschiede

Im Allgemeinen werden dem „österreichischen Deutsch“ in syntaktischer Hinsicht nur einige wenige „punktuelle Unterschiede“ zum Deutsch des gesamten Sprachraumes zugemessen.[69]

Erläutert sei dies an Hand der Verwendung von Substantiven, Verben und Präpositionen:

Substantive

Dazu gehören vor allem die Unterschiede im Geschlecht, wobei die Zuordnung zu einem der drei Genera nur geringfügig differenziert.

Beispiele dafür sind in folgender Abb. 3-1 skizziert:

Österreich	**Deutschland**	**Bemerkungen**
„das Nominale“	„die Nominale“	Fremdwörter haben in einigen Fällen ein anderes Genus etabliert.[70]
„das Viadukt“	„der Viadukt“	

Abb. 3-1: Unterschiede im Geschlecht von Substantiven.[71]

Präpositionen

Im „österreichischen Deutsch“ kann die Verwendung der Präpositionen von jener in Deutschland abweichen, und es können auch andere Präpositionen als in Deutschland üblich an das Substantiv bzw. Verb angefügt werden.[72]

Folgendes Beispiel skizziert die Unterschiede des österreichischen Sprachgebrauches gegenüber dem Deutschen: „Die Frist beginnt mit 10. Jänner“ gegenüber „Die Frist beginnt ab dem 10. Januar.“

Verben

Eine weitere Eigenart des „österreichischen Deutsch“ ist die Bildung des Perfekt mit dem Hilfszeitwort „sein“ bei Verben, die eine Körperhaltung ausdrücken („stehen“, „sitzen“, „liegen“ …), während in Deutschland dafür das Hilfszeitwort „haben“ verwendet wird (z.B. ich bin gesessen; ich habe gesessen).

---

69 Vgl. Ebner 2009, S. 463.
70 Vgl. Ebner 2009, S. 472.
71 Eigene Darstellung.
72 Vgl. Ebner 2009, S. 473.

Weiters wird das Perfekt als Erzähltempus in der gesprochenen Sprache dem Präteritum vorgezogen. In der Schriftsprache hingegen wird in Österreich in der Regel dem Präteritum der Vorzug gegeben, was auch in Deutschland üblich ist.[73]

Bei näherer Betrachtung gibt es aber wesentlich mehr syntaktische Unterschiede in der Grammatik zwischen dem „österreichischen" und dem „deutschen Deutsch".

So bestehen zahlreiche Wortbildungsunterschiede durch unterschiedliche Kombinationen, von Präpositionen und Adverbien mit jeweils Verben. Die dabei neu entstandenen Wörter haben dieselbe Grundbedeutung und geben denselben Inhalt wieder.[74]

Als Beispiel in der Verwaltungssprache seien exemplarisch für das „österreichische Deutsch" das Verb „beischließen" gegenüber dem in Deutschland gebräuchlichen „beilegen" oder auch „einlangen" gegenüber „eintreffen" angeführt.

Eine andere Variante ist, ein Grundverb mit unterschiedlichen Suffixen oder Präfixen - meistens handelt es sich dabei um Präpositionen - zu kombinieren und auf diese Art neue Wörter zu bilden. Auch hier ist zu erkennen, dass die jeweils neu entstandenen Wörter dieselbe Grundbedeutung haben und denselben Inhalt wiedergeben.[75]

Als Beispiele seien für das „österreichische Deutsch" „beistellen" im Vergleich zu dem in Deutschland gebräuchlichen „bereitstellen" oder auch „beiziehen" gegenüber „zu Rate ziehen" zitiert.

Eine weitere Eigenart des „österreichischen Deutsch" ist auch die Verwendung konjunktiver Formen. Generell wird in Österreich in der Umgangssprache eher der Indikativ verwendet.

Wenn eine Aussage jedoch im Konjunktiv ausgesprochen wird, so soll dies ein „generelles" Misstrauen ausdrücken, wie in folgendem Beispiel gezeigt wird:

1) „Die Fahrzeuglenkerin hat ausgesagt, dass sie den Parkschein rechtzeitig ausgefüllt hat."
2) „Die Fahrzeuglenkerin hat ausgesagt, dass sie den Parkschein rechtzeitig ausgefüllt hätte."

Mit letzterer Formulierung wird bereits angezweifelt, ob die Lenkerin den Parkschein überhaupt ausfüllte.[76]

---

73 Vgl. Ebner 2009, S. 471.
74 Vgl. Muhr 1995, S. 218.
75 Vgl. Muhr 1995, S. 217.
76 Vgl. Beschwerden und Protokolle der Magistratsabteilung 67 - Parkraumbewirtschaftung.

Bereits anhand solcher einfachen sprachlichen Äußerungen wird die Komplexität, die Vielfalt und die funktionale Angemessenheit vor dem Hintergrund einer österreichischen bzw. einer deutschen Syntax verdeutlicht.

Festzuhalten ist jedoch, dass auch hier ein steter Wandel der Syntax stattfindet, was sich in jeder lebendigen, sich entwickelnden Sprache durch Abweichungen bzw. Erweiterungen von geltenden Konventionen und Gepflogenheiten zeigt.

Besonders schnell und deutlich macht sich dies beim Wortschatz einer Sprache, der sogenannten Lexik, bemerkbar.

c) Lexik

Der Wortschatz des österreichischen Deutsch mit seinen lexikalischen Besonderheiten wird seit über 60 Jahren im amtlichen „Österreichischen Wörterbuch", das sich über die österreichischen Schulen hinaus als vorrangiges Nachschlagewerk etabliert hat, festgehalten.[77]

Darin spiegelt sich der gesamte Wortschatz der österreichischen Standard- und Alltagssprache mit seinem umgangssprachlichen und am Rande auch mundartlichen Gebrauch sowie auch die verwendete Verwaltungssprache wider.[78]

So sind darin bspw. auch amtlich beurkundete und rechtsgültige Begriffe aus Verwaltung und Politik enthalten (z.B. der „ELAK", die Abkürzung für den elektronischen Akt oder der „U-Ausschuss" für den parlamentarischen Untersuchungsausschuss).[79]

Insgesamt umfasst die jüngste aus dem Jahr 2009 stammende 42. Auflage des Werkes auf 1.056 Seiten nunmehr rd. 90.000 Wörter, wobei im Vergleich zur letzten Auflage davor ca. 8.000 neue Begriffe aufgenommen wurden.

Das „Österreichische Wörterbuch" scheint dabei nicht nur auf die Festlegung der spezifischen Ausdrücke des „österreichischen Deutsch" ausgerichtet zu sein, sondern auch - quasi als moralische Instanz - dem Schutz der österreichischen Sprache in Konkurrenz zum deutschen DUDEN zu dienen.

So soll es auch weiterhin in traditioneller Papierform aufgelegt und - anders als der deutsche Duden - nicht parallel in elektronischer Fassung oder als Online-Ausgabe zur Verfügung gestellt werden, wie der Österreichische

---

77 http://oe1.orf.at/artikel/308712 nachgesehen am 30. Juni 2012.

78 http://derstandard.at/1341526768613/Oesterreichisches-Woerterbuch-Bettelverbot-in-der-Rettungsgasse nachgesehen am 6. Juli 2012.

79 Vgl. Fussy 2003, S. 4.

Bundesverlag Schulbuch GmbH & Co. KG, der Verleger des Werkes, nach einer Anfrage bestätigte. [80]

„Denn das haptische Vergnügen des Blätterns soll nicht verloren gehen“ wird Dr. Herbert Fussy, seit vielen Jahren Chefredakteur des „Österreichischen Wörterbuches“, dabei vom Verlag selbst zitiert.

Ob mit diesem Vorgehen auch ein gewisser ideeller Widerstand zu SMS, Weblogs, E-Mails u.dgl., die bisher übliche Schriftsprache störende Einflüsse ausgedrückt werden soll, liegt zwar nahe, ist aber dennoch bloß zu vermuten.

Welchem Wandel die Lexik im Laufe der Zeit unterliegt, kann nicht nur aus den oben beschriebenen notwendigen Aufnahmen von neuen Begriffen in das „Österreichische Wörterbuch“ abgeleitet werden.

So ist in diesem Zusammenhang bspw. eine Studie der Forschergruppe rd. um die Sprachwissenschaftlerin Ruth Wodak erwähnenswert. Dabei wurden 138 Maturaarbeiten aus den Jahren 1970 bis 2010 verglichen. Trotz der relativ kleinen Stichprobe bieten die Ergebnisse sehr gute Anhaltspunkte hinsichtlich der Entwicklung und dem Wandel der Sprache.

Demgemäß war aus den dabei untersuchten Deutschaufsätzen deutlich erkennbar, dass der Satzbau zunehmend unübersichtlich wird und der Umfang der Arbeiten sukzessive abnimmt. Gleichzeitig war ein Sinken der Kriterien für die jeweilige Benotung erkennbar, was sich auch durch wesentlich größeren Freiraum bei der Beurteilung von Fehlern manifestierte. Dies zeigte sich nicht nur im Ausdruck der Arbeiten, sondern auch bei der Verwendung von Satzzeichen sowie der Rechtschreibung und Grammatik. Zu bemerken war auch die zunehmende Ablöse von Genetivkonstruktionen durch die Verwendung des Dativs und vermehrte Schwierigkeiten bei der Anwendung der Zeitenfolge.[81]

Einen weiteren wichtigen Hinweis für den Wandel der Sprache zeigten die Untersuchungen schließlich im Hinblick auf die Verwendung von Lehn- bzw. Fremdwörtern. Während der Gebrauch von Wörtern lateinischen bzw. griechischen Ursprungs deutlich abnahm, stieg die Verwendung von Anglizismen in den untersuchten Arbeiten im gleichen Maße an.[82]

Im folgenden Kapitel wird beschrieben, dass der Sprachwandel in Österreich einerseits von der jüdischen Sprache und andererseits auch vom Vielvölkerstaat der Donaumonarchie geprägt war.

---

80 http://oe1.orf.at/artikel/308712 nachgesehen am 30. Juni 2012.

81 Vgl. Wodak 2012, S. 3.

82 Vgl. Wodak 2012, S. 13 u. S. 43.

3.2 Einflüsse aus dem Jüdischen in der Zeit der Donaumonarchie

Ohne Zweifel wurde das „österreichische Deutsch" durch die Sprachen der ehemaligen Kronländer, also bspw. durch das Tschechische, Ungarische, Slowenische und Italienische beeinflusst.

Viel wesentlicher für die Sprachentwicklung der Verwaltung war jedoch ein anderer Kulturkreis.

Bereits seit dem Mittelalter übte nämlich schon das jüdische Bürgertum, insbesondere in Wien und Prag, sowie das Ostjudentum bis in die späten 30er-Jahre des 20. Jahrhunderts starken Einfluss auf das österreichische Deutsch aus.

Auf Grundlage der deutschen Sprache entstand ein eigener jüdischer Dialekt, das sogenannte Jiddische.

Dieses setzt sich im Wesentlichen aus semitischen Kult- und Geschäftsbegriffen zusammen und bedient sich unter Abänderung einzelner Vokale des konsonantischen Aufbaues der deutschen Sprache. Das Schriftbild wurde dabei in hebräischen Buchstaben verfasst, sodass sich das Jiddische einerseits lange Zeit von soziodemokratischen Gesellschaftskreisen abgrenzen konnte und andererseits in unterschiedlichen Sprachräumen fortbestehen konnte.[83]

Soziolinguistisch kann das Jiddische aus heutiger Sicht nicht als deutsche Mundart bezeichnet werden, auch wenn es dem Deutschen entsprungen ist. So beinhaltet es neben dem Hebräisch-armenischen noch slawische und romanische Sprachreste und ist zusammengefasst allenfalls als Nahesprache des Deutschen zu bezeichnen, vergleichbar mit dem Holländischen oder dem Luxemburgischen.[84]

Die Verbreitung von jiddischen Ausdrücken auf weite Gesellschaftskreise findet ihren Ursprung nicht zuletzt im Handel mit Waren. So war es im 19. Jahrhundert durchaus üblich, Fachtermini der jüdischen Handelstreibenden zu erlernen, da dies wesentlich am Erfolg zum Handelsgeschehen erst beitrug.

Die zunehmende Durchdringung der Sprache mit den beschriebenen jüdischen Elementen in der Zeit der Donaumonarchie wertete das Jiddische im Vergleich zu den anderen im Reich in Verwendung stehenden Sprachen allmählich zu einer Art „Lingua Franca" auf und war für alle jene hilfreich, die häufig ihr Domizil wechseln mussten.

Damals wurden für Offiziere und Beamten zahlreiche Wörter- und Lehrbücher des jiddischen Sprachdialekts aufgelegt, welche oftmals von österreichischen

83 Vgl. Althaus 2003, S. 8.

84 Vgl. Landmann 1962, S. 7ff.

und deutschen Autoren mit einschlägigen Kenntnissen der diesbezüglichen Schreib- und Sprechweise verfasst waren.[85]

In Bezug auf die Kronländer der österreichisch-ungarischen Monarchie wirkte das Jiddische in der österreichischen Verwaltungssprache bis zum Ende des Ersten Weltkrieges nachhaltig weiter, so vor allem in den Gebieten der Slowakei, im späteren österreichischen Burgenland, im Norden von Ungarn und Rumänien, im westlichen Teil der Ukraine, im damaligen Ostgalizien und im Süden Polens mit dem damaligen Westgalizien.[86]

Ausdrücke wie bspw. „Chuzpe“ für „Frechheit“ oder „Mammon“ für „Geld“ sind bis heute lebendige Zeichen dieses sprachlichen Einflusses.[87]

3.3 Unterschiede der Verwaltungssprache zwischen Österreich und Deutschland

In der Verwaltungs- bzw. Amtssprache werden Verwaltungsakte und Normen verfasst, Auskünfte an Bürgerinnen bzw. Bürger erteilt sowie Verhandlungen geführt und protokolliert, wobei sich Sprachgebrauch und Begrifflichkeiten aus der Zeit der österreichisch-ungarischen Monarchie zwar in Details weiter entwickelt haben, im Wesentlichen jedoch insgesamt stark konserviert und weiterhin nachhaltig im Gebrauch der österreichischen Verwaltung stehen. Die Wörter wie „perlustrieren“, „Evidenz“, „Remuneration“ oder „vidieren“ seien nur exemplarisch genannt.[88]

Die in Kapitel 2 dargestellten historischen Einflüsse auf die österreichische Verwaltung sind neben der territorialen Trennung von Deutschland mit Ursache für die unterschiedliche Entwicklung der beiden Verwaltungssprachen.

Generell lässt sich in Österreich auch eine häufigere Verwendung von lateinischen Ausdrücken in der Amtssprache feststellen als in Deutschland. Dies ist darauf zurückzuführen, dass diese im deutschen bürgerlichen Gesetzbuch (BGB), verlautbart am 18. August 1896, bewusst keinen Eingang fanden.[89]

Im Gegenteil wurden die zuvor in Deutschland weit verbreiteten sogenannten „Digesten“ bzw. „Pandekten“, die ursprünglich geltendes Recht waren und viele lateinische Rechtsausdrücke aus dem römischen Recht enthielten, nicht mehr verwendet oder gar „eingedeutscht“.

85 Vgl. Landmann 1962, S. 24.
86 Vgl. Landmann 1962, S. 62.
87 Vgl. Landmann 1962, S. 34.
88 Vgl. Ebner 1988, S. 445.
89 Vgl. Schubert 1978, S. 186.

Beispiele dafür sind Ausdrücke, wie das „Legat“, dass als Begriff „Vermächtnis“ ins Bürgerliche Gesetzbuch aufgenommen wurde, das „Servitut“ als „Dienstbarkeit“ und die „Causa“ als „Fall“, weiters das „Kuratel“ als „Sachwalterschaft“ wie auch die „Krida“ als „grob fahrlässige Beeinträchtigung von Gläubigerinteressen“.

Vergleicht man infolge die österreichische Gesetzgebung mit der deutschen, so werden in Österreich Ausdrücke verwendet, die in Deutschland nicht existieren oder eine andere Bedeutung haben.

Der Begriff „Besitz“, bspw. hat rechtlich unterschiedliche Bedeutung, die Wörter „Obsorge“ und „Obsoleszenz“ sind Beispiele für ausschließlich österreichische Verwendung.

In nachfolgender Tabelle werden österreichische Bezeichnungen von Verwaltungsbehörden und staatlichen Institutionen dargestellt und ihren jeweiligen deutschen Pendants gegenübergestellt, um auch hier Unterschiede aufzuzeigen:

Oberster Gerichtshof	Bundesgerichtshof
Verfassungsgerichtshof	Bundesverfassungsgericht
Verwaltungsgerichtshof	Bundesverwaltungsgericht
Landesgericht	Landgericht
Bezirksgericht	Amtsgericht
Bezirkshauptmannschaft	Bezirksregierung bzw. Landratsamt / Kreisverwaltung
Statutarstadt	Kreisfreie Stadt
Nationalrat	Bundestag
Landeshauptfrau bzw. Landeshauptmann	Ministerpräsidentin bzw. Ministerpräsident eines Bundeslandes
Landesrätin bzw. Landesrat	Ministerin bzw. Minister eines Bundeslandes
Klub	Fraktion (im Parlament)
Klubobfrau bzw. Klubobmann	Fraktionsvorsitzende bzw. Fraktionsvorsitzender

Abb. 3-2: Bezeichnungen in österreichischen Gesetzes- und Verwaltungstexten.[90]

Ebenso weichen in österreichischen Gesetzeswerken verwendete Begriffe oft aufgrund der vom Gesetzgeber gewählten Terminologie im Detail von den in Deutschland gebräuchlichen, sinngleichen Ausdrücken ab, wie dies z.B. im Verkehrsbereich der Fall ist. Die Bezeichnung „Lichtzeichenanlage“ bspw. hat in Österreich eine ganz andere Bedeutung als in Deutschland. In Österreich wird

90 Ebner 1988, S. 462.

diese als „Verkehrslichtsignalanlage“ geführt, währenddessen eine „Lichtzeichenanlage“ einen unbeschrankten Bahnübergang regelt. Umgangssprachlich wird sie in beiden Ländern als „Ampel“ geführt und tituliert.[91]

Als weiterer Unterschied ist abschließend zu erwähnen, dass als offizielle Amtssprache im heutigen Österreich zwar Deutsch gilt, im Verkehr mit Ämtern jedoch auch die Sprache einer in Österreich beheimateten und anerkannten Volksgruppe zugelassen wird. Ebenso umfasst die Verwaltungssprache in Österreich bei der Kommunikation der Ämter untereinander wie auch mit den Bürgerinnen bzw. Bürgern neben der deutschen die kroatische, slowenische und ungarische Sprache.[92]

---

91 Kundgemacht am 3. März 1988, BGBl. I, 1988; Verordnung des Bundesministers für öffentliche Wirtschaft und Verkehr vom 29. Jänner 1988, Eisenbahn-Kreuzungsverordnung, 1961.

92 Kundgemacht am 26. Juli 2011, BGBl. I, 1920/1.

4. Verwaltungssprache als Fachsprache aus heutiger Sicht

Die Fachsprache der Verwaltung findet sich in Gesetzen, Verordnungen, Bescheiden, Erlässen, Kundmachungen, Antragsformularen etc. wieder.

Sie findet Anwendung in mündlicher und in schriftlicher Kommunikation sowohl bei der Berufsausübung von Juristinnen bzw. Juristen und Verwaltungsbeamtinnen bzw. Verwaltungsbeamten als auch bei den Bürgerinnen bzw. Bürgern, die ihre Behördenanbringen vortragen und darstellen wollen.

4.1 Formale Darstellung der Fachsprache

Die heikle Beschaffenheit dieser Fachsprache besteht darin, dass sie sich überwiegend nicht an die Bürgerinnen bzw. Bürger selbst, sondern an die dem Verwaltungsverfahren begründenden Rechts- und Verwaltungsakte richtet.[93]

Als Beispiel werden etwa Baubewilligungen nicht einer bestimmten Person erteilt, sondern lediglich dem Gegenstand bzw. der betreffenden Gesetzesstelle zugeordnet, da sie ein dingliches Recht begründen.[94]

Dadurch ergibt sich in der Verwaltungssprache eine in ihren Stilmerkmalen geprägte formale Sachlichkeit und Abstraktheit.[95]

4.2 Ziele und Aufgaben der Verwaltungssprache

Bei der Verwaltungssprache handelt es sich um einen rechtlich-institutionellen Sprachgebrauch, auf dessen Grundlage ein hochdifferenziertes, rational und grundsätzlich unpersönlich arbeitendes Verwaltungssystem mit den an dieses System gestellten Anforderungen kommunizieren kann. Dies beruht auf den verschiedenen Zuständigkeitsbereichen von Behörden und Ämtern, wie z.B. für das Rechnungs- und Abgabenwesen, für die Tätigkeiten der Baupolizei sowie für den Bereich der Gesundheits- und Sozialplanung und auch für den Umweltschutz.[96]

---

93 Vgl. Pfeifer 1987, S. 34-35.
94 Vgl. Pfeifer 1987, S. 34-35.
95 Vgl. Pfeifer 1987, S. 34-35.
96 Vgl. Pfeifer 1987, S. 14.

Aufgabe der Behörden und Ämter ist die Vollziehung der Gesetze, wofür u.a. verbindliche Bescheide erstellt werden.

Bei den Verwaltungsakten handelt es sich um das Erstellen von Vorschriften, Verordnungen und Erlässen, aber auch um das Genehmigen oder Ablehnen von eingebrachten Anliegen wie z.B. Anträgen, Gesuchen, Anzeigen, Beschwerden und sonstigen Mitteilungen von Beteiligten.

Dabei sollen die Gesetzes- und Verwaltungstexte gewährleisten, dass die einzelnen Beschlussfassungen rechtskonform und -sicher sind.

Von Bedeutung ist daher, dass die Verwaltungssprache informativ, klar, genau, eindeutig und verständlich ist, wobei erkennbar sein muss, dass die Verfasserin bzw. der Verfasser dazu legitimiert ist, die Rechte und Pflichten der Normadressatinnen bzw. Normadressaten zu bestimmen, um ein entsprechendes Verhalten bei diesen veranlassen zu können.[97]

4.3 Merkmale zur Ausdrucksweise der Verwaltungssprache

Als wirklichkeitsbildende Grundlage für eine rational funktionierende Verwaltung beansprucht die Verwaltungssprache anders als die Alltagssprache lückenlose Vollständigkeit und Widerspruchsfreiheit.[98]

Dabei gilt bei der Verwaltungssprache als Prämisse das Streben nach Einheitlichkeit und Genauigkeit sowie das Methodische und das Beispielhafte erfassen zu können.

4.3.1 Präpositionen

Dabei können logische und schlüssige Beziehungen unter Zuhilfenahme von Präpositionen klar und deutlich veranschaulicht und konkretisiert werden, wie z.B. „zur Besicherung" oder „durch Verschulden" bzw. „im Verhinderungsfall". Damit wird verhindert, dass durch die Verwendung von Vor- und Nachsilben bekannte Wörter als „unechte" Fachausdrücke bei den Adressatinnen bzw. Adressaten aufgenommen werden.[99]

97 Vgl. Hoerster 2006, S. 125.

98 Vgl. Pfeifer 1987, S. 17.

99 Vgl. BBB-Arbeitshandbuch, „Bürgernahe Verwaltungssprache" Bürgernahe Verwaltungssprache, Bundesverwaltungsamt - Bundesstelle für Büroorganisation und Bürotechnik (BBB), 4. Auflage, Köln 2002, S. 15.

4.3.2 Funktionsverbgefüge und Passivkonstruktionen

Ebenfalls dienen Funktionsverbgefüge der Eindeutigkeit und Prägnanz, um Begriffe zu unterstreichen, wie z.B. die Redewendung „einen Antrag stellen".

Auch kann mit dem Weglassen eines Akkusativobjektes, wie z.B. „ein Verfahren einstellen" die Exaktheit der Aussage betont werden.[100]

Bei Sachverhaltsdarstellungen und Entscheidungsbegründungen wird bei sachbezogenen Verwaltungstexten kein persönlicher Bezug zu handelnden Personen hergestellt.

Diesem Umstand wird mit Passivkonstruktionen in der Verwaltungssprache entgegengewirkt, wie bspw. „... dem Antrag kann nicht zugestimmt werden ...".[101]

4.3.3 Legaldefinitionen

Deutlich wird die wirklichkeitsbildende Kraft einer Gesetzesnorm bei Legaldefinitionen, die mittels verwaltungs- bzw. juristischer sprachlicher Beschreibung den tatsächlichen Gegenstand bzw. Sachverhalt von sich aus erzeugen.[102]

Als Beispiel ist eine „Feuermauer" im Sinne der Wiener Bauordnung eine öffnungslose Wand mit bestimmten, vorgegebenen Qualifikationen in Bezug auf den Schall-, Wärme- und Brandschutz. Vor dem Tatbestand, dass in diese Wand im Nachhinein ein Fenster verbaut wird, entspricht diese Wand nicht mehr zur Gänze der verwaltungssprachlichen „Feuermauer", denn diese Wand widerspricht den im Gesetz geformten sprachlichen Sachverhalt. Diese Wand ist jedoch weiterhin geltender und verbindlicher Normgegenstand für die Beteiligten, da die Wiener Bauordnung vorsieht, dass Bewilligungen für Fenster bei „Feuermauern" bis auf Widerruf erteilt werden.

4.3.4 Komprimiert-abstrakter Stil

Eine Besonderheit der Verwaltungssprache ist der Nominalstil, der mit Beschreibungen eines nicht Gegenständlichen bzw. mit der Verwendung von abstrakten Substantiven erklärt wird, wie z.B. bei einem „Lokalaugenschein", wo sich natürliche Personen zu einem Ort begeben, prüfen bzw. begutachten.[103]

---

100 Vgl. Blaha 2011, S. 14.
101 Vgl. Eichhoff-Cyrus, S. 136.
102 Vgl. Pfeifer 1987, S. 15.
103 Vgl. Fluck 2010, S. 154.

Je abstrakter und gegenstandsloser die Substantive sind, desto wichtiger wird die Form und der Aufbau von Sätzen und Wortgruppen, da der komprimiert-abstrakte Stil Unwesentliches aus dem Blickfeld der Verwaltungssprache auslässt, wie z.B. „Dem Antrag zur Aufhebung des Bescheides der Magistratsabteilung XY wird stattgegeben."[104]

Oftmals werden jedoch als Legitimation für den komprimiert-abstrakten Stil der Verwaltungssprache ein Vorwissen und sachdienliche Vorannahmen der Adressatinnen bzw. Adressaten vorausgesetzt, das bzw. die einen fehlenden Aufbau eines Verstehenshorizontes rechtfertigen soll bzw. sollen.[105]

4.3.5 Fehlender Imperativ

Grundsatz der Verwaltung ist es, frei von Willkür und Belieben zu sein und in den jeweiligen Verfahren die Beteiligten weder zu bevorzugen noch zu benachteiligen.

Vor diesem Hintergrund hat die Verwaltung für ihre Verfahren eine emotionslose und unpersönliche Sprache entwickelt, wobei der Imperativ kategorisch ausgeklammert wird und Pronomina praktisch nicht in Verwendung stehen.[106]

Als Beispiele seien „Das nächtliche Verweilen auf der Donauinsel ist verboten!" oder „Benützung der Lagerwiese auf eigene Gefahr!" angeführt.

4.3.6 Texthülsen

Die Verwaltungsgesetze insbesondere Verwaltungstexte werden nicht gelesen, sondern durch verschiedene juristische Methoden und Heuristiken ausgelegt, um für jeden individuellen Sachverhalt rechtssichere Entscheidungen treffen zu können. Das heißt, ein tatsächlicher Sachverhalt wird auf einen Tatbestand kongruiert.

Sprachlich drückt diese Form von Zitaten und Verweisen Intertextualität aus, die mithilfe von Gesetzesverweisen in Texten wie auch zu Rechtsbegriffen in Form von „Texthülsen" verwendet werden. Dazu gehören Rechtstermini, wie z.B. „grobe Fahrlässigkeit" oder „Minderheitsbeteiligungen", die von sich aus klar begrifflich erscheinen, jedoch viele weitere aufbauende Rechtstermini beinhalten.[107]

---

104 Vgl. Eichhoff-Cyrus 2009, S. 144.
105 Vgl. Blaha 2011, S. 15.
106 Vgl. Blaha 2011, S. 15.
107 Vgl. Blaha 2011, S. 16.

4.3.7 Legitimation von Schachtelsätzen

Die Tatsache, dass mehrere Sachverhalte als gleichzeitig geltend wahrgenommen werden sollen, begünstigt die Verwendung von Schachtelsätzen.

Folgender Satz soll als Beispiel dienen: „Änderungen der Anlage XY können vom Stadtsenat auf Antrag der gemeinderätlichen Personalkommission vorgenommen werden; hierbei ist auf die Art und den Inhalt der von den Beamtengruppen zu versehenden Tätigkeiten im Vergleich zu den Tätigkeiten der in der Anlage XY bereits enthaltenen Beamtengruppen Bedacht zu nehmen."[108]

4.3.8 Verdoppelung der Fachsprache

Eine besondere Bedeutung der Verwaltungssprache ist, dass es sich bei nahezu allen Rechts-, Verwaltungs- und Verwaltungsverfahrensvorschriften der Verwaltung um zwei Fachsprachen handelt.

Zum einen kommt die Fachsprache des Regelungsgegenstandes, wie etwa die bautechnische Fachsprache und zum anderen die Fachsprache des Regelungsprozesses gleichsam als rechtlich-organisatorische Fachsprache zur Anwendung, wobei alle sprachlichen Ebenen - wie Wortebene, Syntax, Argumentationsstil, Aufbau des Textes - aufeinandertreffen:[109]

„Baulärm im Sinne dieses Gesetzes ist jedes die öffentliche Ordnung störende Geräusch, das im Zuge von Bauarbeiten erzeugt wird. Unter Bauarbeiten wird jeder Arbeitsvorgang bis zur Fertigstellung eines Bauvorhabens, der Abbruch von Baulichkeiten, die Einrichtung von Baustellen, die Vornahme von Erdbewegungsarbeiten sowie von Probebohrungen verstanden."[110]

Daher ist es verständlich, dass nicht nur Laien, sondern auch Spezialistinnen bzw. Spezialisten die Allgemeinverständlichkeit von verwaltungsjuristischen Normen einfordern.

4.4 Fazit

Gerade wegen dieser obigen Anforderungen wird die Verwaltungssprache von vielen Menschen oft als unverständlich wahrgenommen.

108 Vgl. Landesgesetzblatt für Wien, Jahrgang 2001, Baugesetz § 1.

109 Vgl. Pfeifer 1987, S. 18.

110 Vgl. Landesgesetzblatt für Wien, Jahrgang 2001, Gesetz zum Schutz gegen Baulärm, § 1.

Jedoch unabhängig von dieser Einstellung, sollte das jeweilige Schriftgut, wie auch die Verwaltungssprache möglichst genau, übersichtlich und einprägsam definiert werden, wobei auf die Umsetzung eines standardisierten und formalen Satzbaues der Verwaltungssprache zurückgriffen werden sollte.

Dabei steht jedoch nicht der Aufbau von Textbausteinen im Vordergrund, obwohl höchstrichterliche Urteile oder Weisungen der Aufsichtsbehörde dieses Vorgehen bestärken und für künftige Entscheidungen zu ähnlich gelagerten Problemkonstellationen dienlich sein können. Die vorgeschriebenen Formulierungen gewährleisten zwar eine einheitliche Linie und eine erwünschte Selbstbindung der Verwaltung und Sprache, jedoch wird die individuelle Situation des konkreten Einzelfalles sehr eingeengt und kann rechtliche Problematiken bei Ermessen und Verhältnismäßigkeit nach sich ziehen.

Deshalb ist festzuhalten, dass, je lückenloser und genauer die Verwaltungssprache der rechtsstaatlichen Begründungspflicht folgt, desto größer die Wahrscheinlichkeit ist, dass die Adressatinnen bzw. Adressaten die Entscheidungen der Ämter und Behörden akzeptieren und keine Rechtsmittel in Anspruch nehmen werden.

Dadurch können auf beiden Seiten weiterer Arbeitseinsatz und Sachmittelaufwand für diverse Einspruchsverfahren vermieden werden und somit eine Reduzierung der Aufwände der Verwaltung als auch bei den übrigen Beteiligten bewirkt werden.[111]

111 Vgl. Allefeld 2010, S. 23-28.

5. Verständlichkeit der Verwaltungssprache

Die Verwaltungssprache als Fachsprache wird von den Bürgerinnen bzw. Bürgern zumeist als alltagsfremd empfunden. Oft kommt es zu Missverständnissen, mitunter auch zu Sprachbarrieren bei den Adressatinnen bzw. Adressaten, da von der Verwaltungssprache neben einer allgemeinen Informationsfähigkeit auch Verständlichkeit erwartet wird, die jedoch aufgrund der Komplexität und Informationsdichte der Formulierungen nicht gegeben ist.[112]

5.1 Empirische Untersuchungen und daraus resultierende Ansätze

Daraus resultiert, dass die Betroffenen die Rechts- und Verwaltungssprache abschätzig als „Amtsdeutsch" beurteilen, wie etwa der „Informationsdienst für Bildungspolitik und Forschung" allgemein feststellte, dass sich Juristinnen bzw. Juristen immer unverständlicher ausdrücken.[113]

Auch eine im Jahr 1982 in Niederösterreich durchgeführte Repräsentativumfrage eines Meinungsforschungsinstitutes zeigte auf, dass rd. dreiviertel der Befragten Kritik an der Verständlichkeit der Behördensprache üben.[114]

Die niederösterreichische Landesregierung ließ daraufhin die Neufassung eines Gesetzestextes im Rahmen eines interdisziplinären Projektes durch Juristinnen bzw. Juristen, Technikerinnen bzw. Techniker und Sprachwissenschaftlerinnen bzw. Sprachwissenschaftler auf ihre Verständlichkeit hin analysieren und verbessern.[115]

Die Grazer Stadtverwaltung betraute im Jahr 1984 sogar einen sprachgewandten Dramatiker mit der Aufgabe, Formulare auf entbehrliche Textstellen zu durchleuchten und wenn nötig, aus dem „grausamen Amtsdeutsch" in eine leicht verständliche Umgangssprache zu übersetzen. Trotz dieser Verbesserungsversuche

112 Vgl. Fisch 2006, S. 60.
113 Vgl. Tertschnig 1987, S. 1.
114 Vgl. Blüml 1983, S. 13.
115 Vgl. Blüml 1983, S. 14.

schien es sich dabei um eine Sisyphusarbeit zu handeln, denn in den Medien wurden diese lakonisch mit „Massive Verstöße zur Sprachentwirrung“ beschrieben, und es wurde konstatiert, dass Expertenkommissionen dem österreichischen Amtsdeutsch hilflos gegenüber stünden.[116]

In einer einjährigen Arbeit ab dem Jahr 2003 wurde in Wien versucht, die Verwaltungssprache der Stadt „freundlicher und verständlicher“ zu gestalten. Dabei wurde ein Team aus Spezialistinnen bzw. Spezialisten auf den Gebieten der Kommunikationswissenschaft, Markt- und Meinungsforschung sowie der Rechtswissenschaften von ca. 120 Mitarbeiterinnen bzw. Mitarbeitern des Magistrats der Stadt Wien unterstützt. Resultat war ein Leitfaden für „KundInnenfreundliche Sprache - Anregungen für MitarbeiterInnen von MitarbeiterInnen“.[117]

Die darin aufgelisteten unverbindlichen Anregungen und Anweisungen sollten zu einer klaren und verständlichen Kommunikation mit den Bürgerinnen bzw. Bürgern anregen. Der erklärte Versuch war es, ein Werkzeug für einen angepassten Umgang „mit dem gesprochenen und geschriebenen Wort im Arbeitsalltag“ für die Bediensteten der Stadt Wien zu schaffen, wobei Rahmenbedingungen für die Verständlichkeit von Texten eingehalten werden müssen.[118]

Was sind nun Bedingungen für einen verständlichen Text und wie können diese für die Prüfberichte einer im öffentlichen Interesse stehenden Kontrolleinrichtung angewendet werden?

5.2 Rahmenbedingung für die Verständlichkeit von Texten

Ein Text ist dann verständlich, wenn die Adressatinnen bzw. Adressaten die Botschaft so entschlüsseln können, dass das Resultat der Entschlüsselung den Zielen der Senderin bzw. des Senders entspricht.[119]

Das bedeutet: Der Text ist in der Lage, bei den Adressatinnen bzw. Adressaten ein Wirkungspotenzial mithilfe von Überzeugungskraft hervorzurufen, denn nicht jeder Text ist für jede bzw. jeden gleich verständlich. Ursachen dafür

116 Vgl. Steinbach 1984, S. 7.

117 Vgl. http://www.wien.gv.at/medien/pid/inland/sprache/amtsdeutsch/ nachgesehen am 11. März 2013.

118 Vgl. http://www.wien.gv.at/medien/pid/inland/sprache/amtsdeutsch/ nachgesehen am 11. März 2013.

119 Vgl. Biere 1991, S. 9.

finden sich sowohl auf der Ebene der Adressatinnen bzw. Adressaten als auch auf der Ebene des Textes.[120]

5.2.1 Adressatinnen- bzw. Adressatenebene

Auf Adressatinnen- bzw. Adressatenebene wird die Verständlichkeit von Texten mit soziokulturellen und psychologischen Parametern gemessen:

a) Soziokultureller Parameter

Dazu zählen die Einflüsse umgebener Kulturen. So wie auch Sprach- und Denkfamilien, wie z.B. die Anglizismen in der deutschen Sprache, Lehnworte aus dem Lateinischen, oder der Gebrauch von Akronymen in Texten.[121]

Als konkretes Beispiel sei aus der österreichischen Verwaltungssprache das Wort „GEBARUNGSPRÜFUNG" angeführt, das in den deutschsprachigen Nachbarstaaten bereits erklärungsbedürftig sein kann.

Als weitere Faktoren seien sowohl die soziale Schicht, die Gruppe bzw. die Situation der Senderinnen bzw. Sender als auch die Adressatinnen bzw. Adressaten genannt, wie z.B. die Politikerinnen bzw. Politiker, die den Prüfbericht einer Kontrolleinrichtung lesen sowie verstehen sollen, um daraus die richtigen Schlüsse zu ziehen.

b) Psychologischer Parameter

Diese unterteilen sich in

- Kognitive Parameter

Darunter sind linguistische Fähigkeiten wie z.B. verfügbarer Wortschatz, Leichtigkeit des Ausdrucks, Lesegeschwindigkeit, Bildungsniveau, Intelligenz aber auch Vorabinformationen zu verstehen. Die Adressatinnen bzw. Adressaten können dabei Erfahrungen mit früheren Prüfberichten oder auch vorab Kenntnisse über die Aufgaben und Ziele der Kontrolleinrichtung haben.[122]

---

120 Vgl. Biere 1991, S. 9.
121 Vgl. Biere 1991, S. 5.
122 Vgl. Biere 1991, S. 5.

- Emotionale Parameter

Darunter fallen etwa die Grundeinstellung zur Kommunikation bzw. Motivation und auch Interessen der Adressatinnen bzw. Adressaten.

5.2.2 Sprach- bzw. Textebene

Auf Sprach- bzw. Textebene wird die Verständlichkeit von Texten mit semantischen und syntaktischen Parametern gemessen:

a) Semantische Parameter

- Wortschatz

Für eine bessere Textverständlichkeit trat bereits Johann Wolfgang von Goethe ein: „Schreibe nur, wie Du reden würdest, und so wirst Du einen guten Brief schreiben.“[123]

Aus diesem Zitat kann abgeleitet werden, dass häufig auftretende Wörter, sehr früh erlernte Wörter, Wörter der Muttersprache, Wörter der Umgangssprache und kurze Wörter verwendet werden sollten.

Sicherlich hatte Johann Wolfgang von Goethe in seiner Eigenschaft als Beamter schon zu seiner Zeit erkannt, dass Verwaltungssprache auch für die Bürgerinnen bzw. Bürger verständlich sein muss.

Aus heutiger Sicht haben sich diese „Übersetzungsprobleme“ noch verstärkt, da seither eine Vielzahl von Fachvokabeln und Abkürzungsgewohnheiten hinzugekommen sind und damit ein hohes Maß an nicht-umgangssprachlicher Terminologie erforderlich ist.

Weiters kommen in den Prüfberichten verständlicherweise bestimmte Wörter kontextbezogen häufiger vor als andere. Als Beispiele wären etwa Gesetzestexte oder fachbezogene Unterlagen von geprüften Einrichtungen mit bestimmten Sprachwendungen zu nennen, wie bspw. Schilderungen des Sachverhaltes bzw. dienststellenbezogene Fachtermini.

Deshalb sollte ein Prüfbericht ein Glossar und ein entsprechendes Abkürzungsverzeichnis vorsehen, welche die Fachterminologie mit möglichst einfachen Worten erklären.

123 Zitat: Schneider 2001, S. 99.

Dennoch ist es für die Verständlichkeit der Texte nötig, möglichst geläufige Wörter zu verwenden, wodurch sich auch die Lesegeschwindigkeit steigern kann. So werden von den Adressatinnen bzw. Adressaten beim flüchtigen Lesen einzelne Wörter und nicht die Buchstaben als einheitlich Gesamtes wahrgenommen.

In der Fachliteratur wird diese ganzheitliche Aufnahme als „wortspezifisches Invarianzmuster" bezeichnet, die bereits internalisiert wurde.[124]

Als Beispiele seien die Fachworte „VORLAGE", „KURZFASSUNG" genannt.

- Zusammenhang von Texten

Für die Verständlichkeit eines Textes ist der Aufbau bzw. die Reihenfolge wesentlich, in der Situation, Sachverhalt und Empfehlungen etc. beschrieben werden. Die Verständlichkeit wird auch dadurch erhöht, dass der Text vom Allgemeinen zum Besonderen voranschreitet und Details erst in der Folge vermittelt werden. Auf diese Weise bleibt für die Adressatinnen bzw. Adressaten der Gesamtüberblick, der sogenannte „rote Faden", gewährleistet.

Ebenso sollte von der Verwendung von Leerformeln Abstand genommen werden, da diese pseudoempirisch wirken und für nahezu jeden Sachverhalt anwendbar sind, wie bspw. Zitierungen mithilfe der „ceteris-paribus-Klausel", d.h. „unter sonst gleichen Bedingungen".[125]

Bei Übergängen in Textpassagen ist es daher ratsam, dass sich der Folgesatz bzw. Folgeabschnitt anfangs auf Elemente bezieht, die am Ende des vorhergehenden Textteiles platziert sind. Auf diese Weise wird die Folgerichtigkeit des Textes mittels Begründungszusammenhang bzw. Herstellen von Ursache-Wirkungs-Beziehungen unterstützt.[126]

Als Verbesserung für ohne erkennbaren Zusammenhang aneinandergereihte Sätze bieten sich Verknüpfungen zwischen den Sätzen bzw. Satzteilen an, die ein homogenes, folgerichtiges Bild auf den Sachverhalt bzw. die Herleitung einer Empfehlung darstellen.

Folgende Beispiele seien zur Anwendung angeführt: „demzufolge", „weil", „in diesem Zusammenhang", „... führte zu ...", „daraus ergibt sich, dass ...", „deshalb", „deswegen, weil", „wegen ...", „entgegen dieser Auffassung, ..." etc.

124 Vgl. Dehaene 2010, S. 31.
125 Vgl. Topitsch 1984, S. 25.
126 Vgl. Schneider 2001, S. 106.

b) Syntaktische Parameter

- Typografie

Die Verständlichkeit und Lesbarkeit eines Textes wird durch Schrifttyp, Schriftgröße, Buchstabenabstand, Wortabstand, Zeilenbreite und andere Faktoren des Text-Layouts beeinflusst, wie bspw. Zwischen- oder Randüberschriften, Gliederungsnummern, Fettdruck etc.[127]

- Sprachlehre

Nach Schneider sollen, damit ein großes Maß an Information transportiert werden kann, möglichst kurze Sätze in Texten verwendet werden. Sätze mit bis zu 18 Worten gelten als leicht verständlich, ab 26 Worte nimmt die Verständlichkeit ab bzw. bis zur Unverständlichkeit zu.[128]

Ebenso sollte die Verwendung von übertriebenen Substantivierungen bzw. Nominalisierungen in den Sätzen der Prüfberichte mit der Bildung eines Substantivs aus anderen Wortarten, wie Verben und Adjektiven vermieden werden, wenn passende Verben bzw. Adjektive vorhanden sind.

Dabei ist ebenfalls zu empfehlen, dass in aktiver Form gehaltene Sätze nach dem Muster „Subjekt-Prädikat-Objekt“[129] grundsätzlich verständlicher sind als passive Sätze.[130]

Als negatives Beispiel ist auch die folgende Art dieser Beschreibung zu werten, dass je größer die Satztiefe ist, d.h. je später im Satz das Prädikat auftritt, dieser schwerer verständlich ist, wie es bspw. in diesem gerade gelesenen Schachtelsatz der Fall ist.[131]

5.3 Modelle zur Messung bzw. Bewertung der Textverständlichkeit

Die Textverständlichkeit kann nicht nur mit objektiv messbaren Textindikatoren, wie Wortschwierigkeit, Wortlänge, Satzlänge oder Satzkomplexität gemessen werden, sondern sie erfordert neben der Berücksichtigung der semantischen

127 Vgl. Dehaene 2010, S. 31.
128 Vgl. Schneider 2001, S. 82.
129 Vgl. DUDEN 1995, S. 1205.
130 Vgl. Schneider 2001, S. 106.
131 Vgl. Schneider 2001, S. 112.

Struktur und des Arrangierens von Textinhalten auch den Bezug auf das tatsächliche Verstehen eines Textes durch die Adressatinnen bzw. Adressaten.[132]

Daher werden im Folgenden einige Modelle zur empirischen Messung und Bewertung der Textverständlichkeit unter dem Aspekt der zugrunde liegenden Informationen in ihren Grundzügen dargestellt.

5.3.1 Behaltensprüfung

Bei diesem Messverfahren wird einer Gruppe von Adressatinnen bzw. Adressaten ein Text vorgelegt, den sie nach dessen Lektüre niederschreiben sollen, um zu prüfen, was sie inhaltlich erfasst haben.

Methodisches Problem ist dabei die objektive Bewertung und Klassifizierung von Fehlern, da bspw. das Erkennen von Auslassungen oder Ersetzungen durch Sinnverwandtes nicht auf maschineller Art und Weise erkenn- und auswertbar ist.[133]

5.3.2 Multiple-Choice-Test

Nach dem Lesen einer Textlektüre werden den Adressatinnen bzw. Adressaten Mehrfach-Wahl-Fragen mit teilweise richtigen und teilweise falschen Antwortvorgaben zur Beantwortung vorgelegt, die das Behalten von Fakten und Zusammenhängen prüfen sollen.

Methodisches Problem ist dabei, dass der Schwierigkeitsgrad der Multiple-Choice-Fragen mitgeprüft wird. Dadurch kommt es zu einer Vermengung mit dem eigentlichen Messobjekt „Text“.[134]

5.3.3 Verifikationsverfahren

In den vorgelegten Textpassagen sind Fragen oder Anweisungen eingebaut, auf die die Adressatinnen bzw. Adressaten in bestimmter Art und Weise reagieren müssen, wobei geprüft wird, ob sie den Text richtig verstanden haben.

Dies ist jedoch vorbereitungs- und zeitaufwendig und mit hohem Sachmitteleinsatz verbunden, da komplexere Versuchsanordnungen gegenüber oben genannten Verfahren geschaffen werden müssen.[135]

---

132 Vgl. Christmann 2004, S. 33.
133 Vgl. Christmann 2004, S. 50-51.
134 Vgl. Christmann 2004, S. 47.
135 Vgl. Christmann 2004, S. 47.

5.3.4 Lückentest

In einem etwa 100 bis 300 Worte langen Text werden zufällig gewählte Wörter ausgelassen und durch eine standardisierte Leerstelle (zehn bis 15 Tastenanschläge) ersetzt. Bei diesem Test sollen die Auskunftspersonen die richtigen Wörter in die Lücken einsetzen.

Die methodischen Vorteile sind die hohe Zuverlässigkeit und Gültigkeit des Verfahrens, da die Ergebnisse mit jenen anderer Messverfahren zur Textverständlichkeit gut korrelieren. Ebenso machen einfache Konstruktionen und Auswertungsmöglichkeiten diese Methode sehr ressourcenschonend.

Der Nachteil liegt darin, dass sich die Anwenderin bzw. der Anwender dieses Tests für eine „weiche“ oder „harte“ Auswertung entscheiden muss, d.h., es werden je nach Auswertemethode zwar nicht buchstabengetreu aber sinngemäß richtig eingesetzte Worte als gültige bzw. ungültige Treffer erkannt.[136]

5.3.5 Textverständlichkeitsformeln

Diese Messmethode wird mithilfe von empirisch ermittelten Regressionsgleichungen dargestellt. Sie berücksichtigen objektive Textmerkmale, wie bspw. Anzahl der Silben oder durchschnittliche Anzahl von Wörtern pro Satz.[137]

Als Beispiel wird der New Reading Ease Index nach Farr-Jenkins-Paterson als eine Vereinfachung der Flesch'schen Formel aus dem Jahr 1948 von Rudolf Flesch (1911 - 1986) erläutert.

Diese Formel basiert auf einer oder mehreren Textstichproben zu je 100 Wörtern und wird folgend definiert: NRE-Index = 1,599*EW - 1,015*W - 31,517.

Dabei stehen EW für die Anzahl der einsilbigen Worte pro Stichprobe und W für die durchschnittliche Anzahl der Worte pro Satz in der jeweiligen Stichprobe.[138]

Das Ergebnis dieser Formel ergibt einen nummerischen Wert für die Lesbarkeit des untersuchten Textes, wobei höhere Werte für bessere Lesbarkeit des Textes stehen.

Methodische Probleme bestehen insofern, als die vorgestellte Textverständlichkeitsformel zwar grundsätzlich einfach in der Anwendung ist, jedoch auf empirischen Ergebnissen beruht.

---

136 Vgl. Christmann 2004, S. 45.

137 Vgl. Biere 1991, S. 9.

138 Vgl. Farr 1951, S. 333-337.

Nachteilig wirkt sich zusätzlich aus, dass dieses Messverfahren auf Basis von englischsprachigen Prosatexten entwickelt worden ist. Die bisher ermittelten Konstanten müssten für die Verwaltungssprache neuerlich ermittelt und empirisch mit Unterstützung der Adressatinnen bzw. Adressaten verifiziert werden.

Diese Art von Messverfahren wäre so dann als Hilfsmittel zur Analyse von bereits vorhandenen Verwaltungstexten zu sehen, obwohl es noch nicht die Erstellung von neuen Verwaltungstexten fördert.

Mit dieser Methode werden nämlich nur wie oben beschrieben objektive Textmerkmale gemessen, die keine Optimierungsmöglichkeiten der Verständlichkeit von Verwaltungstexten vorsehen. Dies deshalb, weil der Verstehensprozess, der auf subjektiver Ebene von den Adressatinnen bzw. Adressaten vorgenommen wird, in diesem Messverfahren nicht berücksichtigt wird. Diese Unterstützung ist aber auf Ebene einer kognitiven Textgestaltung bzw. -gliederung notwendig, die anhand der folgenden Methode im nächsten Abschnitt vorgestellt wird.[139]

5.3.6 „Hamburger Modell"

Dieses nach einer Hamburger Gruppe von Psychologinnen bzw. Psychologen[140] benannte Modell enthält vier Dimensionen der Verständlichkeit, anhand derer jeder Text nach einer fünfstufigen Skala (++[141], +[142], 0[143], -[144], --[145]) auf ihre Textverständlichkeit hin überprüft bzw. bewertet werden kann.[146]

Nachfolgend werden die Merkmale der Verständlichkeit als Dimensionen dargestellt, und zwar links das positive Extrem und rechts das negative Extrem. In der Klammer wird der jeweilige Zielwert für optimal verständliche Texte angegeben.[147]

---

139 Vgl. Biere 1991, S. 7.

140 Inghard Langer, Friedemann Schulz von Thun und Reinhard Tausch.

141 (++) = Beinahe alle Eigenschaften, die zum positiven Pol streben sind deutlich vorhanden.

142 (+) = Die jeweiligen Eigenschaften sind auf der positiven Seite weniger deutlich oder nur teilweise vorhanden.

143 (0) = Neutraleinstufung bzw. Mitte: Die positiven und negativen Eigenschaften der annähernden Dimensionen sind ungefähr gleich stark.

144 (-) = Die Eigenschaften der negativen Seite überwiegen.

145 (--) = Beinahe alle Eigenschaften die zum negativen Pol streben sind deutlich vorhanden.

146 Vgl. Christmann 2004, S. 41-43.

147 Vgl. Biere 1991, S. 7.

(1) Einfachheit versus Kompliziertheit (Zielwert: [++] für Einfachheit);
(2) Gliederung bzw. Ordnung versus Ungegliedertheit bzw. Zusammenhanglosigkeit (Zielwert: [++] für Gliederung bzw. Ordnung);
(3) Kürze bzw. Prägnanz versus Weitschweifigkeit bzw. Gedrängtheit (Zielwert: [0] oder [+]), dies würde im Sinne von gemäßigt kurz und prägnant sein;
(4) Anregende Zusätze versus keine anregenden Zusätze (Zielwert: [0] oder [+] bei guter Gliederung; [-] bei schlechter Gliederung). Damit soll zusätzliche Verwirrung vermieden werden, wenn der Text ohnehin schon „vom Hundertsten ins Tausendste" führt.

Die vier Dimensionen des Modells sind im Wesentlichen unabhängig voneinander. So kann es etwa sein, dass ein gut gegliederter Text sehr weitschweifig ist oder aber auch ungegliedert und sehr kurz sein kann. Bei den Dimensionen (3) und (4) ist jedoch ein Zusammenhang vorgegeben, denn anregende Zusätze verlängern den Text.

Zu beachten ist ferner bei Dimension (3): Der kürzeste Text ist nicht immer der verständlichste; d.h., auch eine zu gedrängte Darstellung sollte vermieden werden, ebenso wie eine langatmige Darstellung bzw. Weitschweifigkeit.

Das „Hamburger Modell" stellt mit dem Konzept der Verständnisdimensionen lehr- und lernbare Verfahren der Textoptimierung der Verwaltungssprache zur Verfügung. Dabei eignet sich diese Methode sowohl zur Eigenkorrektur bei der Erstellung von Texten als auch zur Korrektur von Texten, die von anderen Personen bereits erstellt worden sind.[148]

5.4 Zusammenfassung

Jedes der skizzierten Verfahren zur Messung und Bewertung der Textverständlichkeit hat seine methodischen Vor- und Nachteile.

Vor allem ist jedoch problematisch, dass die meisten der dargestellten Ansätze nur einen Teil des Problems der Textverständlichkeit berücksichtigen.

Soll die Verständlichkeit von Prüfberichten mit diesen Verfahren empirisch überprüft werden, so sollten mehrere der oben genannten Verfahren, wie z.B. Behaltensprüfung, Lückentest und insbesondere das „Hamburger Modell" angewendet werden. Von Vorteil wäre dies insbesondere deshalb, weil die zuletzt genannte Methode bereits bei der Erstellung der Prüfberichte verwendet werden könnte.

148 Vgl. Biere 1991, S. 7.

6. Sprachstil der Verwaltungssprache

Bis zum heutigen Tag sind keine gesetzlichen Vorgaben für den behördlichen Sprachstil bekannt. Die Verwaltungsverfahrensgesetze des Bundes und der Länder regeln z.B. für Wien[149], dass der Verwaltungsakt bzgl. seines Inhaltes ausreichend bestimmt, sowie mit einer prinzipiellen Begründung ausgestattet sein muss.

Das interne „Handbuch" des Kontrollamtes der Stadt Wien sieht diesbezüglich vor, dass Augenmerk auf eine verständliche Darstellung und einen guten Stil bei der Verfassung von Dokumenten zu legen sei.

6.1 Ausdrucks- und Gestaltungsmöglichkeiten

6.1.1 Gliederung

Wesentliche Strukturen zur Text-Gliederung stellen neben dem inhaltlich-semantischen Aufbau auch die hierarchisch geordneten Untergliederungen des Textes dar, wobei folgende Methoden vorgestellt werden:

- Liste (z.B. beim Brainstorming erstellt);
- Katalog (Gliederung in Kategorien mit unterschiedlichem Abstraktionsgrad);
- Baum (bietet viele Differenzierungsmöglichkeiten, auch chronologische);
- Chronologie (zeitliche Abfolge);
- Dezimalnotation (wie die Methode Baum);
- Mind-Map (Assoziationen zu einem Begriff).

Auch sollte der - wie bereits erwähnt - sogenannte „rote Faden" im Text durchgängig vorgefunden werden, wobei folgende Hilfsmittel zur Anwendung kommen könnten:

6.1.2 Hierarchisches Verhältnis

Durch Aufteilung und Neuanordnung der Gedankenführung bzw. der Sätze des Textes („Was", „Wie", „Warum", „Wo", ...) soll eine klare Struktur geschaffen

149 Vgl. Geschäftsordnung für den Magistrat der Stadt Wien (GOM 2013), Abschnitt V, § 38, (1).

werden. Anzumerken ist jedoch, dass durch zu starkes Zerteilen wichtige Zusammenhänge zwischen Sätzen bzw. Satzteilen verloren gehen können. Andererseits sollte aber auch von Kürzestsätzen Abstand genommen werden.

Abhilfe schafft die sorgfältig gewählte Verwendung von Konjunktionen bzw. Bindewörtern wie etwa „obwohl“, „auch“, „dennoch“, „das führt zu“, „demzufolge“ etc.

6.1.3 Einhaltung der Perspektive

Wenn möglich sollten unvorbereitete Zeit-, Ort- und Perspektivenwechsel vermieden werden, da diese dem Zusammenhalt des Textes und dem Lesefluss schaden.

6.1.4 Konsequente Wortwahl

Für die gleichen Begriffe sollten nicht zu unterschiedliche Wörter verwendet werden. Konsequente Wortwahl hilft, die Adressatinnen bzw. Adressaten durch den Text zu führen.

6.1.5 Klare Übergänge und Vermeidung von Gedankensprüngen

Es sollen keine Sachverhalte bei den Adressatinnen bzw. Adressaten als bekannt vorausgesetzt werden. Dabei sollen aber auch einzelne überleitende Textpassagen nicht weggelassen werden, da gerade diese für das notwendige Verständnis sorgen.

6.2 Kriterien zur effizienten Textgestaltung

Die Dokumente und Texte im Bereich der Verwaltung sollen ihre Inhalte in verständlicher Form den Adressatinnen bzw. Adressaten anbieten und dabei das Verstehen nachhaltig fördern.

6.2.1 Kriterien nach dem „Hamburger Modell“

Wie bereits beschrieben, bietet das „Hamburger-Modell“ praktische Ansatzpunkte für Kriterien, die eine effiziente Textgestaltung auszeichnen. Wenn diese Ansatzpunkte hinreichend verwirklicht worden sind, wird mit großer

Wahrscheinlichkeit der Adressatin bzw. dem Adressaten die Botschaft der Senderin bzw. des Senders verständlich und wirksam übermittelt.

Nachfolgend werden die Merkmale der Verständlichkeit für die Textgestaltung von Prüfberichten mit „Einfachheit", „Gliederung-Ordnung", „Kürze-Prägnanz" und „Anregende Zusätze" zusammengefasst:[150]

a) Einfachheit

Mit diesem Merkmal wird beschrieben, wie der Sachverhalt mittels Wortwahl und Satzbau in den Verwaltungstexten zu beschreiben ist. Augenmerk sollte auf die sprachliche Formulierung, kurze und einfache Sätze, geläufige Wörter sowie auf Erklärungen und Definitionen für Fremdwörter gelegt werden.[151]

b) Gliederung-Ordnung

Bei diesem Merkmal wird zwischen „innerer Ordnung" und „äußerer Ordnung" in den Texten unterschieden.[152]

Bei der „inneren Ordnung" stehen die Sätze nicht beziehungslos zueinander, sondern sind folgebezogen aufeinander abgestimmt, damit ihre Informationen von den Adressatinnen bzw. Adressaten verständlich und logisch aufgenommen werden können.

Anders ist es bei der „äußeren Gliederung", wo der Aufbau des Textes durch Gruppierung der zusammengehörigen Textteile, mithilfe von Absätzen, Vor- und Zwischenbemerkungen etc. sichtbar gemacht werden soll. Hervorhebungen und Zusammenfassungen helfen dabei ebenfalls Wesentliches darzustellen.

Mit dem Merkmal „Gliederung-Ordnung" wird es den Adressatinnen bzw. Adressaten ermöglicht, sich in den Texten leichter zu orientieren und die einzelnen berichtsrelevanten Zusammenhänge zu erkennen.

c) Kürze-Prägnanz

Hier gilt es Korrelation zwischen der Länge eines Verwaltungstextes gegenüber seiner Informationsgewinnung bei den Adressatinnen bzw. Adressaten zu

150 Vgl. Langer 1991, S. 15.
151 Vgl. Langer 1991, S. 16.
152 Vgl. Langer 1991, S. 18.

erkennen und umzusetzen. Dabei stehen knappe und kurze Ausdrucksweise in Konkurrenz zu einer ausführlichen und weitschweifigen Textgestaltung.[153]

d) Anregende Zusätze

Mit diesem Merkmal wird beschrieben, wie bei den Adressatinnen bzw. Adressaten zusätzliches Interesse, Anteilnahme, Lust am Lesen eines Prüfberichtes hervorgerufen werden soll bzw. kann.[154]

Dies ist oft bei komplizierten Sachverhalten in Verwaltungstexten eine besondere Herausforderung.

6.2.2 Ablegen der „absichtlichen Schwerverständlichkeit"

Viele Texte im Nahefeld der Verwaltung sind immer noch durch typische Merkmale gekennzeichnet, die zwar den Eindruck der Bedeutsamkeit, Dichte, Obrigkeit und Anonymität erzeugen, jedoch die Verständlichkeit der Texte verschlechtern.

Dazu zählen:

a) Die häufige Verwendung des Nominalstiles auch mit zusammengesetzten Substantiven, wie z.B. „zur Durchführung gelangen", „zur Anzeige bringen", „Leistungsnachweiserbringungspflicht";
b) die Verwendung von bedeutungsarmen bzw. -leeren Vor- und Endsilben (ver-, be-, -ung, -nahme) wie bspw. die „Verbeamtung", „Inempfangnahme", „verkehrliche Anbindung";
c) Partizipialkonstruktionen, die Nebensätze vermeiden wie „die in Bearbeitung befindlichen Vorgänge", „andere mit der vom Zeugen angegebenen Beschädigungen korrespondierende Beschädigungen des auf Ersatz klagenden Besitzers";
d) räumliche, zeitliche, relational bezogene Umstandsbestimmungen mit Adjektiven: „die seinerzeitige Inaussichtstellung", „der innerörtliche Verkehr", „die nachrichtendienstliche Behandlung", „behördenseitige Zuerkenntnisnahme";
e) formelhafte Umstandsbestimmungen wie „in Ansehung", „zwecks Anbringung eines Ansuchens";

153 Vgl. Langer 1991, S. 20.
154 Vgl. Langer 1991, S. 22.

f) Streben nach Detailgenauigkeit z.B. in Gesetzestexten, in denen andere Rechtsquellen aufgezählt werden: „Für die Wahl der Ortschaftsräte gilt die Ortschaft als Gemeinde im Sinne des § 4 Abs 1 Satz 1, § 13 Abs 1 Satz 3 und Abs 2 Satz 1, § 19 Abs 1 Nr. 5 Halbsatz 1 … " etc.;

g) Formulierungen im Passiv, unpersönliche Formulierung: „Um rechtzeitige Rückgabe wird gebeten.", „Der Bescheid wird Ihnen zur gegebenen Zeit zugestellt werden."

6.2.3 Vermeidung von Schachtelsätzen

Schachtelsätze sind Konstruktionen mit einem Hauptsatz und einem in der Satzmitte eingebauten Nebensatz oder mehreren Nebensätzen, wodurch Abhängigkeiten und Unterabhängigkeiten erzeugt werden, die schwer verständlich sind.[155]

Negativbeispiel: „Ihr Anbringen kann von unseren Prüforganen nach interner Revision … nicht berücksichtigt werden."

Positivbeispiel: „Ihr Anliegen kann nicht berücksichtigt werden. Nach eingehender Prüfung …"

6.2.4 Umklammerungsgesetz

Eine Eigentümlichkeit der deutschsprachigen Syntax ist das sogenannte „Umklammerungsgesetz": Objekt und Umstandsangabe teilen das Verb in zwei Stücke („Max hat seinem Vater im Garten geholfen."), die an den entgegengesetzten Enden des Satzes stehen.

Andere westeuropäische Sprachen funktionieren nach dem Muster: „Max hat geholfen, d.h., das Verb bleibt zusammen (wem?) seinem Vater (wo?) im Garten."[156]

Die Zerteilung des Verbs kann dazu führen, dass der Leserin bzw. dem Leser ein falscher Inhalt vermittelt wird, wie folgendes Beispiel zeigt: „Die Kinder schlugen ihre Mitschülerin bzw. ihren Mitschüler zur Klassensprecherin bzw. zum Klassensprecher vor."

Es kann auch vorkommen, dass kein Inhalt erkennbar wird, weil das Hauptzeitwort erst sehr spät im Satz erscheint, wie folgendes Beispiel zeigt: „Bei extremer Kälte soll zunächst die Heizung bei Behörden, in Kulturzentren, Kinos und Lagerhäusern sowie die Warmwasserversorgung in den Wohnungen abgestellt werden."[157]

---

155 Vgl. Schneider 1991, S. 99.
156 Vgl. Schneider 1991, S. 99.
157 Vgl. Schneider 1991, S. 102.

Abhilfen gegen das „Umklammerungsgesetz" sind:

a) Satzteile aus dem Mittelfeld des Satzes in einen angehängten Nebensatz verschieben, d.h. unter Einbindung von Verbindungswörtern wie „und zwar", „nämlich", „besonders", „das heißt", „mit der Begründung", „in der Absicht". Folgende Beispiele:

   Statt „Der Generalsekretär will in Israel anschließend in Ägypten, dann im Libanon, in Jordanien sowie Saudi Arabien und zuletzt in Syrien die Möglichkeit einer Wiederaufnahme der Friedenskonferenz vornehmen."

   Besser „Der Generalsekretär will eine Wiederaufnahme der Friedenskonferenz vornehmen (und zwar) zunächst in Israel, anschließend in Ägypten, … und in Syrien."[158]
b) Platzierung des Verbs gleich hinter dem ersten Glied einer Aufzählung
   „Bei extremer Kälte soll zuerst die Warmwasserversorgung in den Wohnungen abgestellt werden, ferner die Heizungen in den Amtsgebäuden, …".[159]
c) Trennung des Satzes durch einen Doppelpunkt
   Statt zu schreiben: „In dem mit großer Mehrheit gebilligten Abschnitt der Wahlplattform über die innere Sicherheit wird die Verhinderung von Verbrechen durch die Reform der Verhältnisse, in denen Kriminalität ihren Nährboden findet, als oberstes Ziel genannt."

   Sollte besser geschrieben werden: „Im Abschnitt ‚Innere Sicherheit' nennt die Wahlplattform als oberstes Ziel: Verbrechen verhindern durch Reform der Verhältnisse, in denen Kriminalität gedeiht. Der Abschnitt wurde mit großer Mehrheit gebilligt."[160]

6.2.5 Wortstellung optimieren

Als Grundregeln für gute Verständlichkeit gelten:

- Subjekt vor Objekt,
- Subjekt und Verb nach vorne im Satzbau.

Folgendes Beispiel zeigt die Verletzung solcher Regeln:

„Von einem Abschwellen der Streikwelle in Oberschlesien, Aufrufen des Militärregimes und der Kirche zu einer friedlichen Lösung der Krise sowie

158 Vgl. Schneider 1991, S. 102.
159 Vgl. Schneider 1991, S. 102.
160 Vgl. Schneider 2011, S. 104.

Meldungen über wachsende Versorgungsschwierigkeiten und angeblichen Folterungen Verhafteter waren die in den Westen gelangten Berichte über die Lage in Polen während der Weihnachtsfeiertage gekennzeichnet."[161]

6.2.6 Füllwörter vermeiden

Präpositionen, Konjunktionen und Adverbien können, wenn sie als Füllwörter bei Verwaltungstexten Verwendung finden, Formulierungen unnötig aufblähen und überfrachten, ohne dass damit die Verständlichkeit verbessert wird.[162]

Beispiele: „auch", „doch", „eigentlich", „erheblich", „gänzlich", „hingegen", „immerhin", „kaum", „reichlich", „überaus" etc.

6.2.7 Metaphern bewusst einsetzen

Metaphern sind ein wichtiges Element einer „Bildersprache"; andere wichtige Elemente sind aktive Verben.

Bildhaftigkeit der Sprache ist ein Mittel, die Textverständlichkeit zu verbessern, doch gibt es Risiken, wenn Metaphern durcheinandergeraten.

Metaphern haben zwei Funktionen:[163]

Zum einen mit alten Wörtern etwas Neues sagen bzw. das Unbekannte anschaulich und erkennbar darstellen, wie z.B. beim Wort „Geisterfahrer".

Auf der anderen Seite stellen sie eine Überhöhung von Altbekanntem als Redeschmuck im Sinne einer „Sprechblume" dar, wie z.B.: „Ein Bild sagt mehr als tausend Worte."

6.2.8 Abschwächungen vermeiden

Die Überzeugungskraft der Feststellungen in einem Verwaltungsdokument leiden, wenn sich Abschwächungen durch den Text ziehen.

Als Beispiele seien angeführt: „wohl", „vielleicht", „gleichsam", „gewissermaßen" etc.

---

161 Vgl. Schneider 2011, S. 105.
162 Vgl. Schneider 2011, S. 120.
163 Vgl. Schneider 2011, S. 169.

6.2.9 Schematische Satzformen und formelhafte Wendungen

Schematische Satzformen und formelhafte Wendungen „vereinheitlichen die Ausdrucksweise und vereinfachen zugleich den Formulierungsprozess", welche die Effizienz der Verwaltungsarbeit unterstützen.[164]

In den meisten Begründungen von Bescheiden wie auch Urteilen befinden sich typische Satzanfänge, die unmittelbar aus den Rechts- und Gesetzestexten hervorgehen. Als Beispiel sind Nummern von Paragrafen im Text eine gute Orientierungshilfe.

So können gleichgelagerte Angelegenheiten von den Sachbearbeiterinnen bzw. Sachbearbeitern bei ihren Einschauten von verschiedenen Akten schneller richtig zugeordnet und die Nachvollziehbarkeit der Entscheidungsfindung sichergestellt werden.

Die Zitierung einer Rechtsvorschrift gewährleistet dabei vor allem, dass diese selbst und nicht Interpretationen zur Anwendung gelangen. Hilfreich ist die Zitierung vor allem auch dann, wenn nicht alle in der Rechtsvorschrift genannten Tatbestände zutreffen. Denn für die Verwaltungsbehörden besteht die Notwendigkeit, dass sowohl die formale Ausdrucksweise als auch die Wortwahl der Rechtsvorschriften richtig sind.

Damit schützt sich eine Behörde z.B. vor etwaigen Einsprüchen gegen Bescheide.

6.2.10 Pragmatische Sprache

Eine sachbezogene Sprache gilt als angemessen, da damit die Objektivität und allgemeine Verständlichkeit der Verwaltung gewährleistet wird. Das Wesen der öffentlichen Verwaltung soll objektiv, „ohne Ansehen der Person"[165], sein.

Auf keinen Fall soll der Eindruck entstehen, dass der Ausgang eines Verfahrens von der jeweiligen Sachbearbeiterin bzw. dem jeweiligen Sachbearbeiter abhängig ist.[166]

Dabei gilt es, dass der Gegenstand in das Zentrum der Aussage gerückt wird und nicht eine Person.[167]

---

164 Vgl. Wagner 1970, S. 101.
165 Vgl. Weber 1980 [1921], S. 562.
166 Vgl. Wagner 1970, S. 18.
167 Vgl. Hadwig 1980, S. 73.

6.2.11 Nominalstil

Ein wesentliches Kennzeichen für die Verwaltungssprache ist der Nominalstil, der sich sowohl durch die häufige Anwendung von Substantiven als auch durch die Substantivierung von Verben, wie z.B. „Berichterstattung" anstatt „Bericht zu erstatten", die Verwendung von Substantivketten „Antrag auf Aufhebung des Bescheides durch den Landeshauptmann" und mehrgliedrige Substantive, wie z.B. „Landesrechnungshofdirektorenkonferenz" beschreiben lässt.

Damit besteht für die Behörden die Möglichkeit, ihre Aufgaben unter dem Aspekt des Verwaltungsablaufes zu sehen und unter einem neuen Begriff zu subsumieren; als Beispiele seien z.B. „Kinderbeihilfenverordnung" und „Brückenbauaufsichtsbehörde" genannt.[168]

6.2.12 Problematiken des Sprachstils

Die Anwendung von schematischen Satzformen und formelhaften Wendungen wirkt erfahrungsgemäß wie eine nicht zu durchschauende Barrikade aus Paragrafen und Abkürzungen.

Nominalstil, schematische Satzformen sowie die unpersönliche Ausdrucksweise führen dazu, dass Behördentexte oft als schwerfällig und den Bürgerinnen bzw. Bürgern als unverständlich erscheinen.

Viele Bürgerinnen bzw. Bürger empfinden diesen Stil als einschüchternd und beängstigend.[169] Die unpersönliche Ausdrucksweise wird als Zeichen aufgefasst, dass die Behörde nicht an einer Entscheidung interessiert ist, die die Belange des Einzelfalles hinreichend berücksichtigt.[170]

Die Folgen sind auch hier Unverständnis und es kommt zu einer Abwehrreaktion bei den Adressatinnen bzw. Adressaten.

Darüber hinaus hat in einer vergleichenden Untersuchung im Jahr 2006 zur Kundinnen- bzw. Kundenzufriedenheit im Landesamt für Besoldung und Versorgung Nordrhein-Westfalen die Verständlichkeit der Behördentexte zu den meistgenannten Verbesserungswünschen gezählt. Damit wurde betont, dass die Bürgerinnen- bzw. Bürgernähe dieser Behörde auch an der Verständlichkeit ihrer Schriftstücke gemessen wird. Von besonderem Interesse war, dass selbst die Mitarbeiterinnen bzw. Mitarbeiter dieser Verwaltungseinrichtung diese Kritik teilten.[171]

168 Vgl. Hadwig 1980, S. 74.
169 Vgl. Fisch 2006, S. 60.
170 Vgl. Fisch 2006, S. 59.
171 Vgl. Fisch 2006, S. 60.

Auch führte im selben Jahr das deutsche Forschungsinstitut für öffentliche Verwaltung in Speyer weitere Untersuchungen zur Veränderung des Sprachstils bei weiteren Behörden durch, wobei die Beschäftigten um Einschätzung der Qualität zur Kommunikation zwischen Bürgerinnen bzw. Bürgern und Behörde ersucht wurden.[172]

Dabei wurde festgehalten, dass vor allem die Schreibweise, die den Mitarbeiterinnen bzw. Mitarbeitern durch die Standardisierung der Schriftstücke vorgegeben war, als unangenehm und unangemessen empfunden wurde.[173]

6.3 Zusammenfassung

In diesem Kapitel wurden Soll-Werte für die Formulierung und Textverfassung der Verwaltungssprache dargestellt, wobei diese Ausblick auf eine Optimierung der Textverständlichkeit geben sollen.

Die angeführten Beispiele wurden analysiert und die daraus gewonnenen Ergebnisse auch für die Erstellung von neuen Prüfberichten herangezogen, um sie vor dem Hintergrund einer Qualitätssicherung revidieren zu können.

172 Vgl. Fisch 2006, S. 60.
173 Vgl. Fisch 2006, S. 61.

7. Qualitätssicherung von Prüfberichten

„Qualität muß produziert werden, sie kann nicht herbeigeprüft werden."
Werner Niefer (1928 - 1993), deutscher Topmanager, 1989 - 1993 Vorstandsvorsitzender Mercedes Benz AG.

7.1 Qualitätskriterien von Prüfberichten

Der Inhalt, die Sprache und die Form sind wesentliche Bestandteile der Qualität der Prüfberichte einer öffentlichen Kontrolleinrichtung.

Der Text und die Sprache müssen den Grundsätzen der Vollständigkeit, der Wahrheit und der Ordnungsmäßigkeit entsprechen.

Die Form und der Aufbau der Berichte einer Kontrolleinrichtung sind nach einem einheitlichen Standard zu erstellen. Dabei sollte der Inhalt konsistent im Sinne von sachgerechten, belegbaren, schlüssigen und auch für Laien nachvollziehbaren Formulierungen verständlich sein.

Eine nachhaltige Wirkung bei den Adressatinnen bzw. Adressaten soll mittels praktikablen und zukunftsorientierten Empfehlungen begründet werden. Durch neutrale Sachverhaltsdarstellungen, wobei eine Trennung von Sachverhalten und Beurteilungen vorteilhaft ist, soll Objektivität in den Prüfberichten gewährleistet werden.

Ein starker Gegenwarts- bzw. Zukunftsbezug des Prüfthemas, anstehender Handlungsbedarf, aktuelles Zahlenmaterial sowie ein kurzer Zeitraum zwischen Prüfung und Berichtsvorlage sollen die Aktualität sicherstellen.

Die Richtigkeit des Sachverhaltes soll durch Faktengenauigkeit und Exaktheit vor dem Hintergrund der Sache in angemessener Analysetiefe durch anerkannte Prüfungsstandards und -methoden erreicht und aufgezeigt werden können.

Der Prüfbericht soll in einer solchen Art und Weise erstellt werden, dass dieser für die Adressatinnen bzw. Adressaten verständlich und nachvollziehbar ist.[174]

---

174 Vgl. Richtlinien der Staatlichen Finanzkontrolle für die Prüfungspraxis, ISSAI 300, INTOSAI Professional Standards Committee, General Secretariat - RECHNUNGSHOF, Prüfungsdokumentierung, Punkt 5.7.

7.2 Qualitätsebenen

Die Qualitätsebenen umfassen dabei neben dem Umfeld des Schreibprozesses auch den unmittelbaren Schreibprozess der Prüfberichte.

7.2.1 Umfeld des Schreibprozesses

Das Umfeld des Schreibprozesses definiert sich im Wesentlichen aus der Prüfungskonzeption und -vorbereitung sowie aus der Durchführung der Prüfungen an Ort und Stelle und gegebenenfalls aus einem Geschäftsprozessmanagement-Modell.

Die Qualität des späteren Prüfberichtes ist abhängig von der Art und Weise, mit der sowohl die Berichtsverfasserinnen bzw. Berichtsverfasser die folgenden Aufgaben wahrnehmen:

a) Auswahl der Prüfthemen und angemessener Prüfmethoden;
b) Sammeln, Studieren und Auswerten von Informationen über die von der geprüften Stelle übermittelten Unterlagen und Eigenfeststellungen;
c) Erstellung eines schriftlichen Prüfungskonzeptes; darunter fallen das Ermitteln von Prüfungszielen, -schwerpunkten, -methoden sowie ein Zeitplan einschließlich Abgabetermin des Prüfberichtes;
d) Arbeitsaufteilung und Kompetenzzuteilungen zwischen den Mitgliedern des Prüfteams;
e) Genaue Durchführung der Prüfung an Ort und Stelle, einwandfreie Erhebung der Sachverhalte und Daten sowie Kontrolle der übermittelten Zahlen[175], richtige Anwendung der Prüfmethoden, laufende Kommunikation innerhalb des Prüfteams, Dokumentation der Ergebnisse der Sachverhaltserhebungen, der Ergebnisse der Methodenanwendung sowie der Schlussfolgerungen, Beurteilungen sowie Bewertungen als auch laufender Soll-Ist-Vergleich gegenüber dem Prüfkonzept.

7.2.2 Schreibprozess

Zur Qualitätssicherung des Prüfberichtes auf Ebene der Verfasserinnen bzw. der Verfasser bedarf es:

a) Einer klaren Aufteilung und Abgrenzung der Berichtsteile zwischen den Mitgliedern des Prüfteams;

175 Prüfung auf Plausibilität des vorgelegten Zahlenmaterials.

b) der laufenden Abstimmung der Inhalte der individuellen Berichtsbeiträge zwischen den Verfasserinnen bzw. Verfassern der Prüfteams zur Verhinderung von Widersprüchen und Doppelgleisigkeiten;
c) eines wechselseitigen Gegenlesens im Sinn des Vier-Augen-Prinzips nach materiellen und formellen Gesichtspunkten sowie einer internen Kontrolle des Zahlenwerkes bzw. der Berechnungen der Durchführung von Abweichungsanalysen und der Kontrolle der Beilagen;
d) der Dokumentation der Feststellungen und Schlussfolgerungen durch die gesammelten schriftlichen Prüfnachweise und sonstigen Informationen;
e) einer klaren Trennung von Sachverhalt, Würdigung (darunter fallen Lob, Kritik und Bewertung) und Empfehlung;
f) der weiteren inhaltlichen und redaktionellen Qualitätssicherungsmaßnahmen auf Ebene der Erstverfasser und Vorgesetzten z.B. Prüfungsleiterin bzw. Prüfungsleiter, Abteilungsleiterin bzw. Abteilungsleiter, Direktorin bzw. Direktor, etwa anhand von schriftlich festgelegten oder elektronischgestützten Qualitätsstandards bei der Verfassung der Prüfberichte.

7.3 Elektronisch-gestützte Qualitätssicherung

Die Qualitätssicherung kann sich auch auf Methoden der elektronischen Datenverarbeitung stützen, welche die Prüfberichte nach allgemeinen linguistischen Regeln oder individuell vorgegebenen Regeln, wie z.B. einer Büro- oder Kanzleiordnung, analysieren und sichtbar machen.

Dabei soll neben Rechtschreibung, Grammatik, Terminologie auch der gewünschte Schreibstil auf seine Einhaltung überprüft werden, wobei den Prüfberichtsverfasserinnen bzw. -verfassern soweit wie möglich einschlägige Korrekturvorschläge genannt werden sollten.

Grundvoraussetzung für ein solches Werkzeug ist dabei die Möglichkeit, eine automatische Analyse der textlichen Elemente der Prüfberichte vornehmen zu können.

Die Textextraktion, d.h. seine Trennung von Formatanweisungen, Bildern, Grafiken etc., sollte für dieses elektronische Werkzeug ohne Schwierigkeiten durchführbar sein.

Anzumerken ist dabei, dass diese Umsetzungskriterien für das einzusetzende Werkzeug banal erscheinen, jedoch führen diese zu lösenden Aufgaben mitunter zu einer projektkritischen Herausforderung beim Hersteller der verwendeten Publikationsapplikation bzw. dessen Programmschnittstellen.

Dieses Instrument soll für Kontrolleinrichtungen eine Qualitätsverbesserung der Prüfberichte zur Verfügung stellen und auch die Möglichkeit anbieten, mithilfe von Satzerkennungstechniken die Prüfberichte in einzelne Sätze zerlegen zu können.

Die in den Sätzen erkannten einzelnen Wörter sollten dabei unter Zuhilfenahme von Analyse- und Lemmatisierungsalgorithmen auf flektierte Formen und Mehrwortlexeme (Mehrwortausdrücke) untersucht werden können, sodass diese in standardisierte Darstellungen übergeführt werden, wie sie in herkömmlichen Vokabelverzeichnissen zu finden sind.

Eine adäquate technische Umsetzung sollte z.B. erkennen können, welche Konjugationsmuster der Verben in Gebrauch stehen, damit eine Reduzierung von Mehrdeutigkeiten in den Formulierungen der Prüfberichte erzielt werden kann.

Abschließend sind zur Reduzierung noch nicht eliminierter Mehrdeutigkeiten im vorhandenen Kontext die einzelnen Wörter unter Verwendung einer syntaktischen Analyse zu evaluieren.

Die im groben Umfang skizzierte Satzanalyse soll nur ein exemplarischer Beitrag für elektronisch-gestützte Qualitätssicherungsmöglichkeiten von Prüfberichten sein.

Das zu erreichende Ziel soll sein, Prüfberichte verständlich zu formulieren, denn nur so kann die Nachvollziehbarkeit und Nachhaltigkeit des darin festgestellten Sachverhaltes einschließlich der getroffenen Empfehlungen gewährleistet werden, um in weiterer Konsequenz Nachhaltiges bewirken zu können.[176]

7.4 Fazit

Wichtigstes Anliegen ist es, mit Unterstützung einer standardisierten Texterstellung Prüfberichte auf sprachliche Fehler, inkonsistente Terminologie, unverständliche Sätze und nicht eingepflegte Stilrichtlinien der jeweiligen Kontrolleinrichtungen zu überprüfen.

176 Vgl. Geschäftsprozessmanagement-Modell des Kontrollamtes der Stadt Wien, Interne Quelle, Stand 2013.

8. Evaluierung elektronischer Qualitätssicherungsmethoden am Beispiel einer Öffentlichen Kontrolleinrichtung

Für eine umfassende und nachhaltige Verbesserung der Qualität der Prüfberichte wurden verschiedene technische Methoden auf ihre Brauchbarkeit evaluiert und nach Auswahl einer entsprechenden Umsetzungsmöglichkeit adaptiert bzw. optimiert.

8.1 Ausgangssituation

Ausgehend von dem Standardwerk „DUDEN - Die deutsche Rechtschreibung - 24. Auflage auf der Grundlage der aktuellen amtlichen Rechtschreibregeln“[177] - das als Grundlage in Verwendung stand, begann im Jahr 2006 die Kontrolleinrichtung ihre elektronische „Office-Bibliothek“ auf Brauchbarkeit bei der Prüfberichtserstellung zu testen und evaluieren.

8.1.1 Elektronisches Wörterbuch

Bei der „Office-Bibliothek“ handelt es sich um eine Software, die als elektronisches Nachschlagewerk im Sinne einer Interaktionsplattform zwischen den Anwenderinnen bzw. Anwendern und den Daten des elektronischen Wörterbuchs verwendet wird.

In der Kontrolleinrichtung wurde dieses elektronische Nachschlagewerk „DUDEN - Die deutsche Rechtschreibung“ auf seine Brauchbarkeit untersucht und bewertet, wobei diese elektronische Fassung des Wörterbuchs als eine Erweiterung für das bisher in Papier gehaltene Wörterbuch von den Berichtsverfasserinnen bzw. Berichtsverfassern grundsätzlich positiv aufgenommen wurde.

Angestrebt wurde seitens der Führungsebene allerdings, dass der Text der Prüfberichte medienbruchfrei mit der aktuell verwendeten Textverarbeitung bearbeitet und korrigiert werden kann.

Als Lösungsansatz wurde daher eine Erweiterung des Funktionsumfanges der Rechtschreibregeln und Grammatikkontrolle nach DUDEN und die Integration in die damals verwendete Textverarbeitungssoftware „Word 2000“ der Firma Microsoft angedacht.

177 Bibliographisches Institut GmbH, Mannheim.

8.1.2 Einzelplatzlösung

Vor diesem Hintergrund wurde auch das Produkt „DUDEN Korrektor", das bereits im Jahr 2006 in die Textverarbeitungssoftware der Kontrolleinrichtung programmtechnisch integriert worden war, im Hinblick auf diese Anforderungen getestet und evaluiert.

Als Ergebnis konnte festgehalten werden, dass diese Zusatzapplikation bereits die notwendigen Erweiterungen auf Grundlage der amtlichen Rechtschreib-, Stil- und Grammatikkorrektur bereits im Funktionsumfang hatte.

Der wesentliche Nutzen der Software „DUDEN Korrektor" gegenüber der proprietären Umsetzung der Rechtschreibregeln- und Grammatikkontrolle der Firma Microsoft bestand damals darin, dass die Prüfberichte neben der Korrektheit der Zeichensetzung auch hinsichtlich der Abkürzungen, Worttrennungen, verschiedenen Schreibvarianten und sogar der Richtigkeit von verwaltungssprachlichen Begriffen nach dem DUDEN-Wörterbuch überprüft werden konnten.

Nach der Evaluierung dieses Produkts „DUDEN Korrektor" wurde seitens der Kontrolleinrichtung die Einzelplatzlösung als großes Manko erkannt. Die angestrebte Qualitätssicherung in Form einer zentral gesteuerten und netzwerkbasierten Lösung zur Vereinheitlichung der Prüfberichtsinhalte im Hinblick auf Wortwahl, Satzstruktur, Grammatik, Rechtschreibung, Interpunktion, Terminologie, verwaltungsspezifische Begriffe und Abkürzungen war mit der Softwareapplikation „DUDEN Korrektor" weder in technischer noch in finanzieller Sicht möglich.

Dies führte zu weiteren Untersuchungen hinsichtlich einer für das Kontrollamt der Stadt Wien entsprechenden Lösung.

8.1.3 Netzwerklösung

Im Rahmen der Begutachtung und Bewertung der Software „DUDEN Korrektor" wurde festgestellt, dass dieses mit Unterstützung des IAI - Institut der Gesellschaft zur Förderung der Angewandten Informationsforschung e. V. an der Universität des Saarlandes entwickelt wurde. Das IAI als Kooperationspartner des Verlages Bibliographisches Institut AG, Mannheim hatte schon Jahre zuvor eine entsprechende Netzwerklösung entwickelt.[178]

Es handelte sich dabei um die sogenannte „Duden-Linguistic-Engine", welche vom IAI in den „DUDEN Korrektor" implementiert worden war, und bereits als Software „CLAT" („Controlled Language Authoring Technology") in Anwendung stand.

---

178 Vgl. http://www.iai-sb.de/iai/index.php/DUDEN-Korrektor.html nachgesehen 2006.

Mit diesem Client-Server-Modell als Netzwerklösung schien eine zentral gesteuerte, vorgegebene und abänderbare Wortwahl, Satzstruktur, Grammatik, Rechtschreibung, Interpunktion nach DUDEN sowie ein Terminologiebestand im Sinne von verwaltungsspezifischen Begriffen und Abkürzungen in der Kontrolleinrichtung realisierbar.

Für einen möglichen Produktiveinsatz der Software „CLAT" wurden daher Evaluierungen und Feststellungen in Angriff genommen.

8.2 Entscheidungsprozess für die Software „CLAT"

Von nur kurz am Markt befindlichen bzw. in Entwicklung stehenden Lösungen wurde aufgrund der oben genannten Umsetzungsvorgaben bewusst Abstand genommen, da Anschaffung und Weiterentwicklung vor dem Hintergrund der Wirtschaftlichkeit und Zweckmäßigkeit der eingesetzten öffentlichen Mittel zu betrachten waren.

Von Vorteil war in diesem Zusammenhang der Entwicklungsverlauf der Software „CLAT".

8.2.1 Impuls zur Entwicklung

Die Entwicklung der Software-Applikation „CLAT" wurde vor dem Hintergrund der Globalisierung der Märkte bzw. dem verstärkten Zusammenrücken der Volkswirtschaften, die Produkte immer differenzierter, individueller und komplizierter im Hinblick auf Gewinnoptimierung produzieren und zu vermarkten hatten, geschaffen.

Dabei wurden jedoch die ebenso wichtigen und notwendigen Produktprospekte und Bedienungsanleitungen vor allem für hochpreisige Produkte nicht mit jenen hohen Qualitätsanforderungen erstellt, wie dies bei ihrer Erzeugung und Fertigung der Fall war.

Aus dieser Situation heraus hatte das IAI in den 1990er-Jahren in Kooperation mit fünf europäischen Automobilherstellerinnen bzw. -herstellern einen gemeinsamen Lösungsansatz erstellt.[179]

8.2.2 Kernaufgabe der Software „CLAT"

Die Prämisse für das ursprüngliche Projekt war, dass technische Dokumentationen nur dann den höchsten Ansprüchen genügen können, wenn sie in ihrer

179 Vgl. Haller 2010, S. 1.

deutschen Ursprungssprache verständlich und lesbar geschrieben sind. Nur dann können sie als Basis für ein korrektes und preisgünstiges Übersetzen in andere Sprachen dienen.

Daraus entstand das Ziel, ein EDV-Werkzeug zu schaffen, mit dem unter Verwendung von moderner Sprachtechnologie das Verfassen von Bedienungs- und Reparaturanleitungen anhand einer angepassten Rechtschreib-, Grammatik- und Terminologiekontrolle ermöglicht wird. Die Lesbarkeit und Verständlichkeit der Anleitungen würden darüber hinaus mit Unterstützung einer integrierten Konsistenz- und Stilkontrolle verbessert werden.

In weiterer Folge konnten auch erheblich klarere und einfacher zu verstehende Übersetzungen in anderen Sprachen erreicht werden.

Aus dem ursprünglichen Projekt heraus wurden auch englische sowie französische Software-Versionen für Fertigungs- und Erzeugnisbetriebe - nach oben genannten Vorgaben - entwickelt.[180]

8.2.3 Fazit

Für die Kontrolleinrichtung stand die Übersetzbarkeit der Prüfberichte nicht im Vordergrund. Vielmehr sollte, wie bereits oben beschrieben, die Möglichkeit bestehen, unter der Verwendung von Sprachtechnologie und Netzwerklösungen, die Erstellung von möglichst fehlerfreien Prüfberichten zu unterstützen.

Dies sollte unter Zuhilfenahme von einer computerbasierten, netzwerkfähigen und erprobten Client-Server-Lösung umgesetzt werden.

Nach erfolgreicher Evaluierung und umfangreichen Teststellungen des Software-Produkts „CLAT“ bestand seitens der Kontrolleinrichtung Interesse an dieser bereits einige Jahre in der Industrie stehenden Softwarelösung.

8.3 Methoden der Software „CLAT“

8.3.1 Architektur

Die linguistische Server-Lösung für die oben genannten Anforderungen wurde mithilfe einer Programmierung in der imperativen Computersprache C umgesetzt, ferner sind die dazugehörigen Interaktionsschnittstellen für die Administration und Wartung der Software „CLAT“ mit der Makroprogrammiersprache Tcl/Tk bzw. objektorientierten Programmiersprache Java entwickelt worden.

180 Vgl. Haller 2010, S. 2.

Grundsätzlich wurde die Software „CLAT" für Mehrbenutzer-UNIX-Server, Solaris 7 und 8 von Sun Microsystems auf eine skalierbare Mikroprozessor Architektur (SPARC), sowie für HP-UX und Linux in den Versionen von Suse und Red Hat entwickelt. Darüber hinaus gibt es auch eine Entwicklung für Microsoft Windows NT sowie Windows 2000 und höhere Versionen.[181]

Die Kontrolleinrichtung entschied sich für den Einsatz der Microsoft Windows NT Server Version auf Intel Basis.

Als Client-Lösung wurde eine Anbindung für die in der Kontrolleinrichtung verwendete Textverarbeitungssoftware Microsoft Word 2000 mittels einer Plugin-Erweiterung programmiertechnisch realisiert. Damit wurde sichergestellt, dass die Prüfberichte weiterhin in der gewohnten Software-Umgebung erstellt und nach Auswertung der farblich markierten Fehlerstellen korrigiert werden können. Dabei können in der Client-Anbindung der Textverarbeitungssoftware die linguistischen Prüfkomponenten nach ihren Funktionen getrennt jeweils aktiviert bzw. deaktiviert werden.

Die Einstellungen der einzelnen Parameter können dabei sowohl für alle Arbeitsplätze in der Kontrolleinrichtung gemeinsam, als auch unmittelbar individuell am Arbeitsplatz vorgenommen werden, wie Abb. 8-1 zeigt:

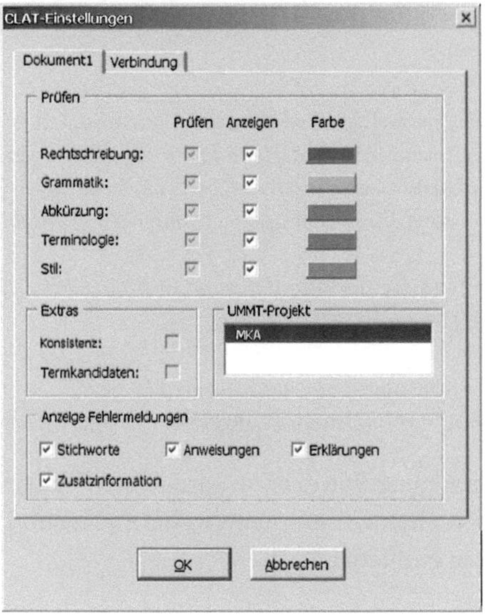

Abb. 8-1: Word-Plugin.[182]

181 Vgl. SIGDOC 2001, S. 79.

182 Screenshot aus der CLAT-Software.

Dabei bedienen sich die einzelnen Komponenten einer morphologischen und syntaxbezogenen Untersuchung der einzelnen Wörter in den jeweiligen Sätzen der Prüfberichte.[183]

8.3.2 Morphologische Analyse

Die Wörter der Prüfberichte werden mithilfe einer morphologischen Analyse gestützt auf das System MPRO[184] untersucht, wobei diese für die deutsche Sprache eine linguistische Wissensbasis beinhaltet.

Diese umfasst Morpheme, die als kleinste lautliche oder grafische Einheit mit einer Bedeutung oder grammatikalischen Funktion[185] in der sprachbasierten Datenbank der Software „CLAT“ hinterlegt sind. Zusätzlich sind in dieser Wissensbasis regelbasierende Kombinations- und Verbotsregeln abgelegt.

Etwa 3.000 bis 4.000 Morpheme sind notwendig, um die deutsche Sprache mit ihren weit mehr als 500.000 Wörtern zerlegen zu können.[186]

Dadurch mussten für die österreichischen verwaltungssprachlichen Dokumente nur wenige neue Morpheme in der Software „CLAT“ ergänzt werden.

Das nachfolgende Beispiel zeigt eine diesbezügliche Analyse für das Wort „Künettenwand“:

```
>Künettenwand
entry = {string='Künettenwand',lex=künetten,clex= {lex=wand,clex=nil,
hyper={f1=loc,f2=rand},head={cat=n,deriv=nil,pref=nil,ehead={gen=fem}}},
lemma=künettenwand,head={cat=n,deriv=nil,pref=nil,ehead={gen=fem},ehead=({cas
e=(nom;dat;acc),num=sing};{case=(nom;gen;acc),num=plu})},graphics=cap}.[].
-- Surfacestructure --
[compound,n,[hyper=loc,more=way,up=an],wand,[n,[ns,n,a,seite,(0;n),[no,[hyper=
loc,more=rand],[n,0]],fem,no]]]]
-- Semanticstructure --
[np,[n,[hyper=loc,more=way,up=an],wand],[fuehren,[n,
[hyper=loc,more=way,up=an],c0,wand],[n,[hyper=loc,rand]wohin,künette,sg,def],no]].
```

Die Wörter werden dabei auch von der Software „CLAT“ nach Stamm-Morphemen und Wortbildungs-Morphemen analysiert, wobei Suffixe und Präfixe in die Statistiken der Bewertungen einfließen.

---

183 Vgl. CLAT-Handbuch, S. 8.

184 Vgl. Maas 1996, S. 78-86.

185 Vgl. Linke 2004, S. 66-67.

186 Vgl. Pilz 1979, S. 241.

Dasselbe Verfahren gilt auch für regelmäßige Derivationen und ihre Kombinationen mit anderen Morphemen, die mit einer Kompositazerlegung in weitere Einzelteile aufgegliedert werden können.

Weiters umfasst dieses elektronische Morphemlexikon neben Abkürzungen und Akronymen auch feste Mehrworteinheiten wie z.B. „manchmal".

8.3.3 Syntaktische Analyse

Die Aufgabe der syntaktischen Analyse besteht darin, jedem Wort seine grammatikalische Funktion und Kategorie eindeutig zuzuweisen und sie nach zusammengehörigen Gruppen zu identifizieren.[187]

Dabei werden die Wörter innerhalb eines Satzes von der Software „CLAT" entsprechend ihrer grammatikalischen Funktion nach Wortarten unter Zuhilfenahme einer statistischen Heuristik analysiert und klassifiziert und zwar nach Artikel, Substantiv, Verb, Adjektiv, Pronomen, Numerale, Präpositionen, Konjunktion und Interjektion.

Die Analyse- und Syntheseprozesse dienen dabei der Erreichung einer grammatikalisch korrekten Struktur, die als Basis für weitere Korrekturen relevant sind, wie der folgende Beispielssatz veranschaulicht:

„Die Kontrolleinrichtung empfahl, die noch ausständigen Überprüfungen ehebaldigst vorzunehmen und die erforderlichen sicherheitstechnischen Maßnahmen zu veranlassen."

NP[188]*[Die<art> Kontrolleinrichtung<noun>]*
empfahl<fiv>&cm<comma>
NP [die<art> noch<part> ausständigen<adj> Überprüfungen<noun>]
ehebaldigst<adv> vorzunehmen<izu> und<coord>
NP [die<art> erforderlichen<adj> sicherheitstechnischen<adj>
Maßnahmen<noun>]
zu<vpref;zu_inf> veranlassen<inf>.<punct>.[189]

Die grammatikalische Funktion der Software „CLAT" wird mithilfe von syntaktischen Analysen auf mehreren Ebenen abgedeckt. So scheiden einige Mehrdeutigkeiten bereits durch den Einsatz von einfachen Umfeld-Tabellen aus,

---

187 Vgl. van der Eist 1985, S. 9.

188 Kategorie der Nominalphrasen.

189 Repräsentationsformat der syntaktischen Analyse auf Basis der Software „CLAT"-Technologie.

andere wiederum werden nach einer groben syntaktischen Analyse ausgeschieden, die Nominalgruppen und zusammenhängende syntaktische Satzteile erkennen.

Grenzen der Analysen und Statistiken sind jedoch bei der semantischen Funktion zu erkennen, d.h. die Bedeutung wie z.B. das Mehrzahl-„n" im Wort „Knaben" hat nicht nur eine grammatikalische Funktion, sondern auch eine semantische. Die Bedeutung kann deshalb von der Software „CLAT" nur zum Teil mit der Setzung von semantischen Merkmalen erkannt werden.[190]

8.3.4 Steuerungsmechanismen

Auf Ebene der linguistischen Analyse und einer entsprechenden Wissensbasis ist es möglich, die Einhaltung der individuellen Vorstellungen und Vorgaben der Führungsebene hinsichtlich der Textgestaltung der Prüfberichte jederzeit mittels der Software „CLAT" zu steuern, da diese in der integrierten Datenbank der Software „CLAT" hinterlegt sind.

a) Regelwerk

Durch die umfangreiche linguistische Analyse wird ein höherer Wirkungsgrad erreicht, als bei der Kombination von kommerziellen Rechtschreib- und Grammatikhilfen herkömmlicher Produkte. So werden bspw. bei der Rechtschreibprüfung genauere Verbesserungsvorschläge angeboten, die auf der in der Kontrolleinrichtung verwendeten Terminologie basieren und nicht auf zufällige Ähnlichkeiten von Buchstabenketten aufbauen.

So kann die morphologische Analyse bei der falschen Schreibweise von „**Kontrollbereicht**" die korrekte Zusammensetzung nicht genau identifizieren und als positiv bewerten und gibt somit als Analyseergebnis einen negativen Befund aus, der als Rechtschreibfehler festgehalten wird.

Demnach wird das fehlerhafte Wort „**Kontrollbereicht**" im Text farblich markiert und die terminologisch zutreffenden Alternativen wie „**Kontrollbericht**" und „**Kontrollbereich**" im Navigationsfeld der Software „CLAT" angezeigt, wie in nachfolgender Abb. 8-2 dargestellt wird:

190 Vgl. Bamberger 1984, S. 37.

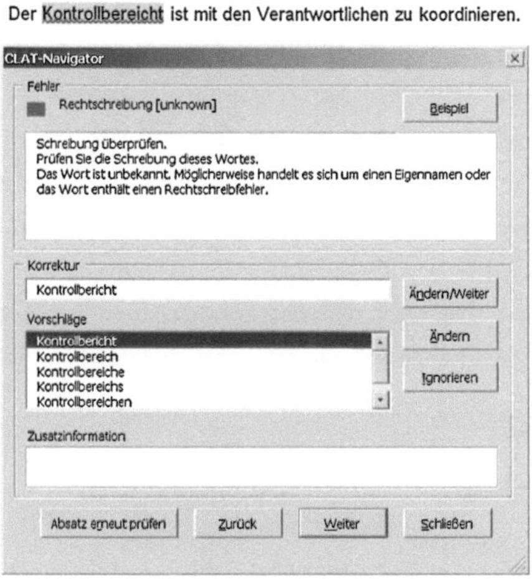

Abb. 8-2: Rechtschreibprüfung.[191]

Die Software „CLAT“ prüft im Rahmen einer Grammatikprüfung auch die richtige Verwendung der Flexionen in Nominalgruppen wie bspw. **„Der geprüften Sachverhalt galt verstärktes Augenmerk zu schenken“** - s. dazu Abb. 8-3:

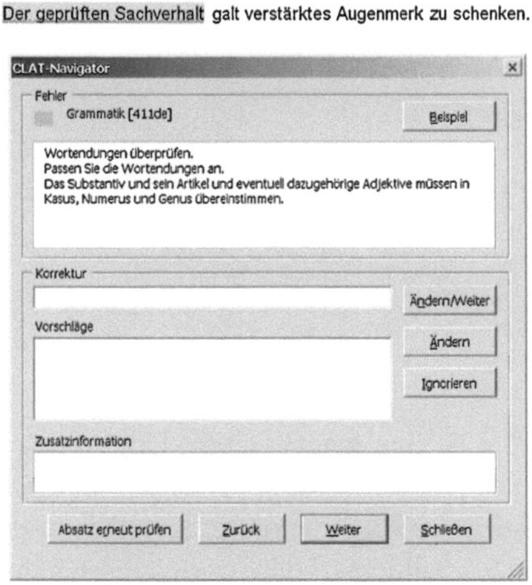

Abb. 8-3: Grammatikprüfung.[192]

191 Screenshot aus der CLAT-Software.

192 Screenshot aus der CLAT-Software.

Weiters werden auch die Anhäufungen von zu vielen Nominalisierungen als eine Regel der integrierten Stilkontrolle der Software „CLAT“ erkannt und aufgezeigt.

Folgendes überzeichnetes Beispiel soll dies sichtbar machen: „**Aufgrund des Todesfalls der Mieterin waren dem Gebrechensdienst das Betreten und die Zuhilfenahme von Öffnungshilfen nicht möglich**“ - s. dazu Abb. 8-4:

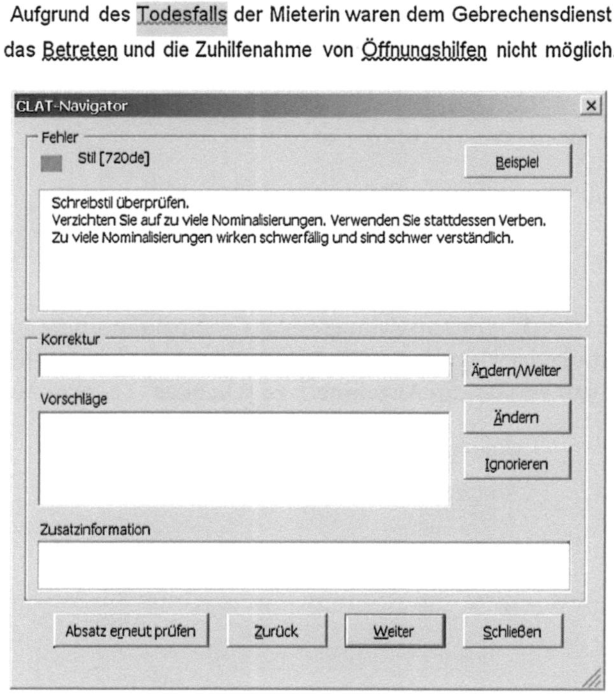

Abb. 8-4: Stilprüfung.[193]

Das oben dargestellte Beispiel zeigt auch die Umsetzung der österreichischen Besonderheiten auf, wie z.B. Komposita, bei denen an ihren Wortgrenzen bzw. Wortfugen häufig bestimmte Fugenelemente eingefügt werden.

Als Beispiel obiger Darstellung sei die österreichische Variante „**Gebrechensdienst**“ dargestellt, die in der Software „CLAT“ keinen Fehler auslöst.

Siehe dazu auch folgende Abb. 8-5 mit der Variante „**Gebrechendienst**“:

193 Screenshot aus der CLAT-Software.

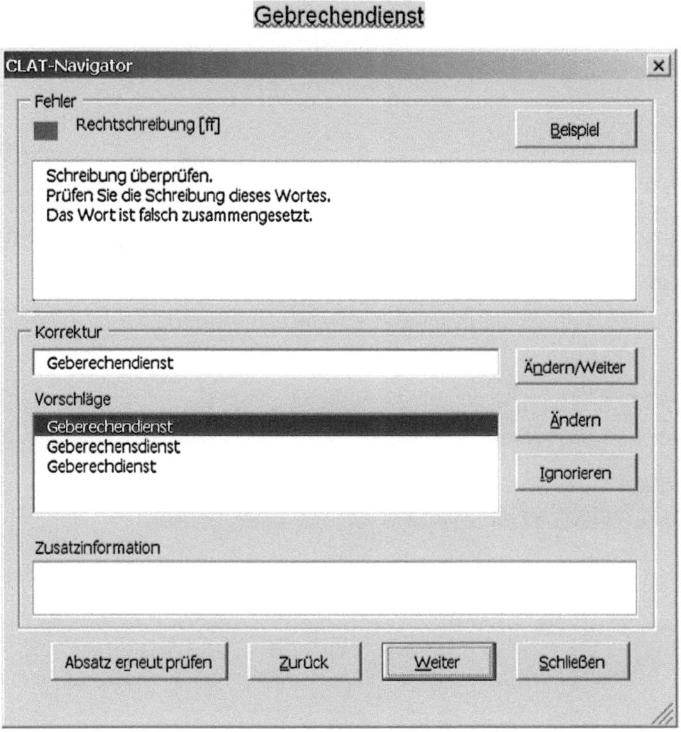

Abb. 8-5: Rechtschreibung.[194]

Eine weitere Umsetzung der Prüfverfahren der Software „CLAT“ sieht vor, dass eine einheitliche Anwendung der Terminologie in den Prüfberichten verifiziert und von den Berichtsverfasserinnen bzw. Berichtsverfassern eingehalten wird.

Dies ist bspw. an der verbindlichen Verwendung des Terms „**Prüfbericht**“ in den Prüfberichten der Kontrolleinrichtung vorgesehen:

„**Prüfbericht** der Kontrolleinrichtung“ und nicht „**Prüfungsbericht …**“ und schon gar nicht „**Kontrollbericht …**“ oder vielleicht „**Kontrollamtsbericht …**“

Weiters kann mit dem Analyseverfahren der Software „CLAT“ nicht nur nach ähnlichen Ausdrücken als Alternativen gesucht werden, sondern auch eine im Vorhinein festgelegte Alternative verwendet werden, wie nachfolgende Abb. 8-6 anhand des Beispiels der „**Niederflussstraßenbahnen**“ zeigt:

194 Screenshot aus der CLAT-Software.

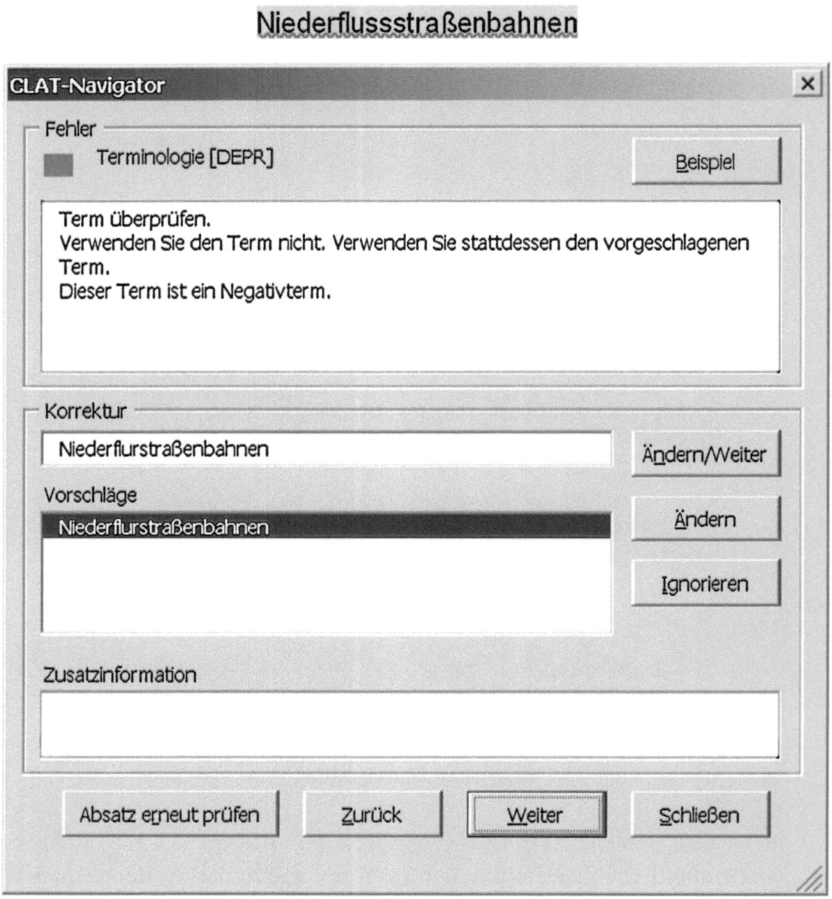

Abb. 8-6: Konsistenzprüfung.[195]

In den Prüfberichten der Kontrolleinrichtung werden „**Niederflussstraßenbahnen**" immer als „**Niederflurstraßenbahnen**" bezeichnet.

Über die Kontrollfunktion regelbasierter Sprachkomponenten werden vorgegebene Stilregeln der Führungsebene bezüglich Einhaltung der maximalen Satzlänge, der Gebrauch von Aktiv- statt Passivkonstruktionen etc. mithilfe der Software „CLAT" auf Einhaltung geprüft.

195 Screenshot aus der CLAT-Software.

Ein weiterer Wunsch ist die Einhaltung von typischen Genitivauslautungen für bestimmte vorgegebene Wörter wie bspw. **„des Amtes“** versus **„des Magistrats der Stadt Wien“** und auf **KEINEN** Fall **„des Amts“** bzw. **„des Magistrates der Stadt Wien“**.

Auch diese Vorgabe wird mit Unterstützung der Software „CLAT“ auf Einhaltung in den Prüfberichten überprüft.

Eine weitere Besonderheit der Stilprüfung ist die verbindliche Einhaltung der Schreibweise bei Zitierung von Paragraphen bei Gesetzen, Verordnungen, Erlässen etc. in den Prüfberichten.

Diese sind bei ausgeschriebener Gesetzesbenennung mit Artikel bspw. **...** ***§ 13 des allgemeinen bürgerlichen Gesetzbuches ...*** zu zitieren, jedoch bei Abkürzungen von Gesetzen etc. auf **KEINEN** Fall wie etwa am Beispiel von dem angeführten **...**§ ***13 ABGB...***.

Zusätzlich wird unter Zuhilfenahme der Software „CLAT“ die generelle Verwendung von Abkürzungen überprüft, sodass die in den Prüfberichten vorkommenden Abkürzungen und Akronyme mit dem definierten und spezifizierten Abkürzungsstandard übereinstimmen.

Abgesehen von allgemeinen Abkürzungen, wie etwa **z.B.**, werden auch legistische Abkürzungen berücksichtigt, wie bspw. **WStV** für „Wiener Stadtverfassung“ oder auch **GEM** und **GOM** für „Geschäftseinteilung für den Magistrat der Stadt Wien“ bzw. „Geschäftsordnung für den Magistrat der Stadt Wien“.[196]

Dies ist insbesondere für die Berichtsverfasserinnen bzw. Berichtsverfasser von Bedeutung, da aufgrund der Vorgabe der Führungsebene in die Software „CLAT“ auch Abkürzungsverbote für bestimmte Terme eingepflegt werden.

Zusätzlich wird mithilfe der Stilüberprüfung der Software „CLAT“ das Verbot für Abkürzungen am Satzanfang überwacht, da innerhalb eines Satzes Abkürzungen verbindlich angewendet werden müssen.[197]

Da komplexe Wortzusammensetzungen die Lesbarkeit beeinträchtigen - wie anhand des Beispiels des **„Krankenanstaltenverbundinformationssystems der Stadt Wien“** zu sehen ist - empfiehlt die Software „CLAT“ ab drei Gliedern pro Kompositum einen oder mehrere Bindestriche zu setzen, das Kompositum in eine klarere Darstellungsform zu transformieren oder nicht zu verwenden (s. Abb. 8-7):

196 Vgl. Verfassung der Bundeshauptstadt Wien (Wiener Stadtverfassung - WStV 2013).
197 Laut Vorgabe des Kontrollamtsdirektors von 2008.

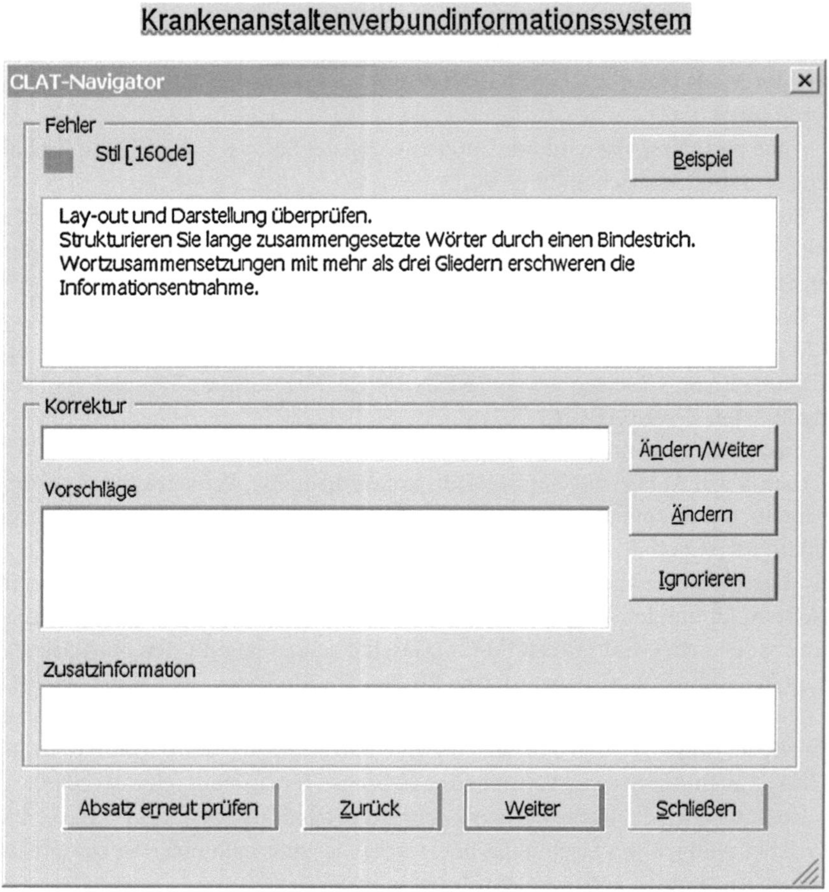

Abb. 8-7: Stilüberprüfung.[198]

Weiters werden mithilfe der Software „CLAT" auch die Besonderheiten der Groß- und Kleinschreibung sowie der Getrenntschreibung auf Einhaltung der Vorgaben geprüft, welche die Corporate Identity der Stadt Wien unterstreichen bzw. beschreiben sollen. Dabei werden auch historische Schreibweisen aus der Vergangenheit berücksichtigt.

198 Screenshot aus der CLAT-Software.

b) Wissensbasis

Eine wesentliche Bereicherung der linguistischen Analyse sind zusätzlich eingepflegte Terminologielisten. Diese wurden auf Basis der Prüfberichte aus den Vorperioden anhand einer automatisierten Extraktion erstellt.

Damit kann bei der Erstellung der Prüfberichte auf eine Wissensbasis zugegriffen werden, die es ermöglicht, sowohl für die Soll- und Ist-Beschreibungen als auch für die Empfehlungen in den Prüfberichten eine durchgängige Termkonsistenz für die Sachverhalts- und Tatbestandsbeschreibungen aufrecht zu erhalten.

Anzumerken ist, dass aus den historischen Prüfberichten Term-Extraktionen vorgenommen wurden, die den ursprünglichen Wortschatz der Software „CLAT" um ca. 8.000 verwaltungsspezifische Wörter erweitert haben.

8.4 Fazit

Mit der Software „CLAT" geprüfte und anschließend überarbeitete Prüfberichte der Kontrolleinrichtung unterstützen den Anspruch, sprachlich möglichst fehlerfrei, konsistent in Terminologie und Sprachstil sowie leicht lesbar und unmissverständlich zu sein.

Allerdings fehlte der Software „CLAT" zu diesem Zeitpunkt ein Regelwerk für eine gendergerechte Formulierung und Sprache, die mittlerweile in der österreichischen Verwaltung verbindlich umzusetzen war.

Es wurde daher eine diesbezügliche Erweiterung angestrebt, die im nächsten Kapitel beschrieben wird.

9. Umsetzung des „Geschlechtergerechten Formulierens“

Wie bereits im vorigen Kapitel angekündigt, sieht die Novelle des B-VG (hierbei BGBl I Nr. 1/2008) in Art. 13 Abs 3 u.a. die Gleichstellung von Frauen und Männern auch auf Ebene der Verwaltungssprache vor.

Definitionsgemäß haben dabei „Bund, Länder und Gemeinden bei der Haushaltsführung die tatsächliche Gleichstellung von Frauen und Männern anzustreben“.

Daraus abgeleitet galt es auch in der Verwaltungssprache von Kontrolleinrichtungen die „Geschlechtergerechte Formulierung“ verpflichtend umzusetzen.

Da das Überprüfen der Berichte hinsichtlich geschlechtergerechter Formulierungen jedoch zeitaufwendig ist und die aktuellen Richtlinien nicht immer unmittelbar bekannt sind bzw. häufigen Änderungen unterliegen, war es naheliegend entsprechende Regeln für „Geschlechtergerechte Formulierungen“ in die Software „CLAT“ zu implementieren.

Die Grundlagen hierfür wurden aus einem Forschungsprojekt des IAI aus dem Jahr 2003 anhand eines Prototyps bereitgestellt, wobei das verwendete Regelwerk zur Vermeidung eines sexistischen Sprachgebrauchs dem Anspruch der deutschen feministischen Linguistik folgt und wie nachstehend definiert wird:

„Sprache ist sexistisch, wenn sie Frauen und ihre Leistungen ignoriert, wenn sie Frauen nur in Abhängigkeit von und Unterordnung zu Männern beschreibt, wenn sie Frauen nur in stereotypischen Rollen zeigt und ihnen so über das Stereotyp hinausgehende Interessen und Fähigkeiten abspricht und wenn sie Frauen durch herablassende Sprache demütigt und lächerlich macht.“[199]

Da die Prüfberichte der Kontrolleinrichtung vorwiegend Formulierungen aus den Bereichen Recht und Verwaltung beinhalten, bezeichnet eine Personenbezeichnung im Maskulinum keine unmittelbare bzw. konkrete natürliche Person; als unspezifische Referenz beziehen sich diese Personenbezeichnungen quasi auf alle natürliche Personen gleichermaßen, egal welchen Geschlechts.[200]

199 Trömel-Plötz 2004, S. 67.

200 Vgl. https://www.intern.magwien.gv.at/gendermainstreaming/pdf/genderhandbuch.pdf, S. 13.

Auf keinen Fall sollte für die Kontrolleinrichtung ein Regelwerk geschaffen werden, das Personenbezeichnungen einheitlich und zur Gänze im Femininum darzustellen versucht, wie es im Juni 2013 die Geschäftsordnung an der Universität Potsdam vorsah.[201]

9.1 Aufgabenstellung und Lösungsansatz

Die Aufgabenstellung bestand vorrangig darin, auf sprachlicher Ebene gendergerechte Formulierungen für natürliche Personenbezeichnungen im Maskulinum zu finden und in der Software „CLAT" mit einem speziell weiterentwickelten und verfeinerten Stilregelsatz umzusetzen. Personenbezeichnungen im Maskulinum und auch die ihnen nachfolgenden maskulinen Pronomen sollten in den Prüfberichten markiert und geschlechtsneutrale Umformulierungen bzw. neutrale Alternativen elektronisch gesteuert vorgeschlagen werden.[202]

Der folgende Abschnitt skizziert und erläutert die Umsetzungen für das geschlechtergerechte Formulieren anhand des generischen Maskulinums, Pronomen im Maskulinum und fehlende Kongruenz von Prädikatsnomen.

Daran anschließend werden Korrektur und Lösungsvorschläge vorgestellt, die in der Software „CLAT" implementiert wurden, um das geschlechtergerechte Formulieren so effektiv und effizient wie möglich umsetzen zu können.

9.2 Generische Personenbezeichnungen im Maskulinum

Die Markierungen der Textstellen hinsichtlich der Personenbezeichnungen werden auf Basis der Algorithmen der morphologischen Analyse und einer kumulierten Lexemhinterlegung durch die Software „CLAT" eigenständig vorgenommen.

9.2.1 Morphologische Analyse

Die Software „CLAT" bewertet dabei nicht nur die Ableitungs- und die Flexionsmerkmale der einzelnen Terme, sondern vergibt auch semantische Merkmale durch die integrierte morphologische Analyse.

---

201 Vgl. http://www.uni-potsdam.de/pm/news/up/date/2013/07/04/2013-107.html nachgesehen am 8. Juli 2013.

202 Vgl. Pflichtenheft für die Beschaffung der Software „CLAT", Interne Quelle, Stand 2008.

So werden Benennungen von natürlichen Personen wie **„der Bürgermeister"**, **„der Beamte"**, aber auch **„die Krankenschwester"** von der Software „CLAT" mit einem semantischen Merkmal versehen.

Der Regelmechanismus der Software „CLAT" basiert dabei grundsätzlich auf diesem semantischen Merkmal und der Genusinformation der Substantive.

9.2.2 Kumulierte Lexemhinterlegung

Probleme bereiten jedoch Substantive, deren Grundwort als Ableitung eines substantisierten Verbs gebildet wird.

Beispielsweise wird **„der Amtsleiter"** von der Software nicht von vornherein als Titulierung einer natürlichen Person erkannt und markiert, da dieses Nomen sowohl Gegenstände als auch Menschen bezeichnen kann.

Geschlechtergerechte Umformulierungen sind aber nur für natürliche Personen relevant. Um die Erfassung von Substantiven dieses Typs gewährleisten zu können, wurden signifikante Benennungen aus der Verwaltungssprache in einer Lexemliste hinterlegt. Damit wird nachhaltig die Wahrscheinlichkeit erhöht, Bezeichnungen natürlicher Personen mithilfe der Software „CLAT" richtig erkennen zu können.

Der Vorteil einer mit Lexemen bestückten Inklusionsliste besteht darin, dass ein Eintrag in der Inklusionsliste alle Wortformen des Lexems erfasst. So deckt bspw. das Lexem **„leiten"** die Formen **„Leiter"**, **„Leiterin"**, **„Leiter"** und **„Leiterinnen"** ab.

Weiters können alle diese Lexeme alleine oder als Grundwort eines Kompositums auftreten. Die Software überprüft hierbei, ob ein Lexem im zu prüfenden Dokument mit einem Eintrag in der Lexemliste endet. In einem solchen Fall wird ein entsprechendes Merkmal für die Auswertealgorithmen der Software „CLAT" vergeben.

So wird bspw. auch die Wortfolge **„der Abteilungsleiter"** als Genderfehler markiert, nicht aber **„die Gartenleiter"**.[203]

9.2.3 Ausnahmemechanismus

Die markierten Stellen durchlaufen mehrere Auswahlmechanismen, die den Kontext überprüfen und gegebenenfalls Markierungen wieder zurücknehmen.

---

203 „Der Gartenleiter" wird als Fehler von der Software „CLAT" markiert, jedoch nicht „die Gartenleiter", da das Substantiv „Leiter" sowohl die feminine als auch die maskuline Form berücksichtigt, was sich auch auf zusammensetzbare Komposita auswirkt.

Dabei werden folgende Szenarien dargestellt:

a) Überprüfung des Kontextes

Von der Fehlererkennung bewusst ausgenommen werden Substantive im Maskulinum, denen ein Familienname folgt, da dies unmittelbar auf eine natürliche Person schließen lässt.

Ebenfalls ausgenommen werden substantivierte Adjektive und Partizipien im Plural, da sich diese zur geschlechtsneutralen Personenbezeichnung besonders eignen, wie folgendes Beispiel zeigt:

„ … **Sachverständiger** …“ versus „… **Sachverständige** …”

Am Beispiel „**Sachverständiger**” wird die Markierung belassen, während bei „**Sachverständige**” die Markierung von der Software „CLAT“ wieder gelöscht wird. In diesem Fall liegt eine Doppeldeutigkeit in Bezug auf das Genus vor, die sowohl eine feminine als auch eine maskuline Bezeichnung von natürlichen Personen darstellen kann.

Auch andere Substantive wie z.B. „**der Mensch**” und „**der Gast**” werden von der Software „CLAT“ als maskuline Bezeichnungen natürlicher Personen fehlerhaft markiert, für die entweder keine alternativen Formulierungen existieren oder doppeldeutige Lesemöglichkeiten bestehen.

Diese oben genannten Substantive und viele andere Formulierungen sind dabei in einer Exklusionsliste aufgenommen worden, deren Aufgabe es ist, Fehlermarkierungen zu unterdrücken, ähnlich der Inklusionsliste der Lexeme. Dabei wird auch hier nur das letzte Lexem eines Kompositums ausgewertet.

Schwierigkeiten bereiten jedoch Wörter, die eine mehrdeutige Leseart zulassen, wie bspw. das Wort „**Rat**”. Es kann eine Institution, ein Titel oder eine Person bezeichnen. Diese Lesearten können in aller Regel nicht hinreichend eindeutig bestimmt werden.

b) Markierungen zurücknehmen

Wenn Paarformen wie z.B. „**die Beamtin bzw. der Beamte**“ und die sich darauf beziehenden Pronomen „**sie bzw. er**“ und „**ihrer bzw. seiner**“ geschlechtergerecht formuliert werden sollen, so werden die Markierungen für „**der Beamte**“, „**er**“ und „**seiner**“ von der Software „CLAT“ automatisch entfernt.

Für beide Umsetzungsvarianten gilt, dass sie nur für Paarformen im Plural angewendet werden dürfen und weder bei maskulinen noch bei femininen Flexionen eine Diskriminierung des jeweiligen Genus vorliegen darf.

ad b) Binnen-I

Das Regelwerk der untersuchten Kontrolleinrichtung verbietet eine Verwendung des Binnen-I, weshalb die „CLAT“-Version eine eventuelle Setzung als Fehler markiert.

Andere Regelwerke sehen vor, dass das „Binnen-I“ nur verwendet werden darf, wenn die „Weglassprobe“ funktioniert.

Dies wäre dann gegeben, wenn die Endung „**Innen**“ im Plural weggelassen wird und das verbleibende Wort noch einen Sinn ergibt bzw. grammatikalisch korrekt ist.“[204]

Entsprechend dieser Regel kann das Binnen-I in der Formulierung „**die MitarbeiterInnen**“ bzw. „**die BürgerInnen**“, nicht aber bei „**die BeamtInnen**“ bzw. „**den MitarbeiterInnen**“ verwendet werden. Ansonsten läge umgekehrt eine Diskriminierung der Männer vor.

Abb. 9-1: Gender Binnen-I.[205]

---

204 Vgl. Leitfaden für geschlechtergerechtes Formulieren und eine diskriminierungsfreie Bildsprache - Arbeitsanweisung Magistrat Wien, S. 6.

205 Screenshot aus der CLAT-Software.

Nach Trömel-Plötz gilt diesbezüglich folgender Umkehrschluss: „Sprache ist sexistisch, wenn sie Männer und ihre Leistungen ignoriert, wenn sie Männer nur in Abhängigkeit von und Unterordnung zu Frauen beschreibt, wenn sie Männer nur in stereotypischen Rollen zeigt und ihnen so über das Stereotyp hinausgehende Interessen und Fähigkeiten abspricht und wenn sie Männer durch herablassende Sprache demütigt und lächerlich macht.“[206]

9.2.4 Grenzen der Erkennbarkeit

Noch nicht umgesetzte bzw. fehlende Gender-Erkennungen sind z.B. Determinativkomposita, deren Bestimmungswort eine Person bzw. deren Grundwort einen Gegenstand bezeichnet wie z.B. „**der Badegastsessel**“.

Als Erweiterungen müssten Exklusions- und Inklusionslisten implementiert werden, bei denen das Lexem der Liste nicht letzter, sondern erster Bestandteil des Kompositums wäre.

Auch ist in der Software die Markierung von Artikeln und Adjektiven, die einem Nomen im Maskulinum vorausgehen, nicht implementiert. Diese Regelung wurde eingeführt, da bei mehreren Einfügungen zwischen Artikel und zugehörigem Nomen konsequente Markierungen nicht möglich sind, ohne die Übersichtlichkeit im Textverlauf zu gefährden.

Zudem ist es mit der Software „CLAT“ nicht möglich, eine Untersuchung über die Satzgrenze hinaus durchzuführen. Als Resultat wird ein nicht näher spezifiziertes Substantiv im Maskulinum als fehlerhaft markiert, weil eine Referenz, wie z.B. der Name, der im darauffolgenden oder vorhergehenden Satz genannt wird, von der Software „CLAT“ nicht erkannt werden kann: „Herr XY hat der Dienstvorschrift nicht Genüge geleistet. Der Beamte hat aus diesem Grund ein Disziplinarverfahren zu erwarten.“ Dennoch wird „**Beamte**” als fehlerhaft markiert, da die Information fehlt, dass es sich um eine Referenz handelt, die im vorhergehenden Satz enthalten ist.[207]

9.3 Pronomen im Maskulinum

Weitere Umsetzungen der gendergerechten Formulierungen in der Software „CLAT“ betreffen die Markierungen von Personalpronomen, Possessivpronomen,

---

206 Vgl. Trömel-Plötz 2004, S. 67.
207 Vgl. Bamberger 1984, S. 43.

Relativpronomen und Indefinitpronomen, die einem Substantiv oder einem substantivierten Indefinitpronomen im Maskulinum folgen.

Die Strategie ist analog zu der Markierungsstrategie von Personenbezeichnungen zu evaluieren. Dabei werden zunächst alle infrage kommenden Pronomen markiert und in einem zweiten Schritt korrekte Formulierungen von der Software „CLAT“ aussortiert.

9.3.1 Personal und Possessivpronomen

Personal- und Possessivpronomen werden nur dann markiert, falls sie sich im Satz auf eine vorhergehende markierte Personenbezeichnung beziehen und keine weitere markierte Benennung einer natürlichen Person zwischen ihnen steht.

9.3.2 Relativpronomen

Die Strategie der Software „CLAT“, Markierungen von Personenbezeichnungen in Verbindung mit Relativpronomen zu setzen, ist es zunächst das erste Komma im Satz zu suchen, das einer Personenbezeichnung im Maskulinum folgt.

Dabei wird das unmittelbar nachfolgende Relativpronomen markiert, wobei das gleiche Genus vorliegen muss, wie bei einer markierten Benennung einer Personenbezeichnung im Maskulinum.

9.3.3 Indefinitpronomen

Indefinitpronomen werden nur dann markiert, falls diese sich auf eine Personenbezeichnung im Maskulinum beziehen. Die Software „CLAT“ gibt keinen Genderfehler bei den Indefinitpronomen „**jemand**” und „**wer**” aus, wenn diesen keine weiteren Pronomen folgen.

9.3.4 Gender-Markierungen zurücknehmen

In einem anschließenden Schritt werden die Markierungen in bereits gegenderten Formulierungen - wie bereits oben beschrieben - von der Software „CLAT“ wieder gelöscht.

9.3.5 Schwächen

Als problematisch hat sich die Erkennung von Pronomen bei Sätzen, die aus mehreren Satzteilen bestehen erwiesen. Hier werden die Pronomen nicht dem entsprechenden Substantiv zugeordnet und daher mit einer Fehlerstelle markiert.

Wie schon in der Gruppe der Substantive stellt auch hier das Vorhandensein mehrerer Bedeutungen eines Wortes ein Problem dar. So wird „**sein**" auch dann als Possessivpronomen im Maskulinum erkannt, wenn es sich um ein Hilfsverb handelt.

9.4 Kongruenz von Prädikatsnomen

Die Kongruenz von Prädikatsnomen wird durch Subjekt und Prädikatsnomen erfasst. Eine Gendermarkierung wird von der Software „CLAT" nur dann erzeugt, wenn das Genus von beiden Satzteilen nicht identisch ist (s. Abb. 9-2).

„Wer viele Freundinnen bzw. Freunde hat, der hat auch viele Feindinnen bzw. Feinde."

Abb. 9-2: Gender Pronomen.[208]

9.5 Korrekturanweisungen

Die vorgesehenen Korrekturen sehen ausschließlich eine Verbesserung des Sprachgebrauchs vor und orientieren sich an der regelkonformen Schreibweise des DUDEN.

---

208 Screenshot aus der CLAT-Software.

Gleiches gilt für die Ersetzung des Indefinitpronomens „**man**" durch „**frau**". Die Lösungsvorschläge lassen sich demnach in zwei Kategorien einteilen:

9.5.1 Paarformen

Nennung von Paarformen, d.h., die feminine und die maskuline Form der Personenbezeichnung wird angezeigt, beide Formen werden in der Kontrolleinrichtung mit „**bzw.**" verknüpft.

Bei der Nennung der Paarformen wird die feminine vor der maskulinen Form genannt, gemäß dem „Titanic-Prinzip" des Gender Mainstreaming Leitbilds der Stadt Wien.[209]

Die Nennung einer der beiden Formen in Klammern ist in der Kontrolleinrichtung zu unterlassen.

9.5.2 Geschlechtsneutralität

Wann immer es möglich ist, sollen geschlechtsneutrale bzw. geschlechtsabstrakte Ausdrücke verwendet werden. Diesen soll gegenüber Paarformen der Vorzug gegeben werden, da diese nicht selten genug die Lesbarkeit des Prüfberichtes erschweren.

Zur neutralen Formulierung sind insbesondere Kollektiva, wie z.B. „**Bedienstete**" sowie substantivierte Partizipien wie etwa „**Erwerbstätige**" und substantivierte Adjektive zu verwenden.

9.6 Fazit

Die Grenzen der Software bei den gendergerechten Formulierungen liegen bei einer Unterscheidung nach Referenztypen. Die hierfür erforderliche Einbeziehung des Kontextes - d.h. eine automatische Textkontrolle über die Grenzen des einzelnen Satzes hinaus - ist bislang mit der Software „CLAT" nicht möglich.

Im folgenden Kapitel wird der Korpus „**Prüfberichte der Kontrolleinrichtung**" vorgestellt und im darauffolgenden die Wirkung der Software „CLAT" auf diesen Korpus mit statistischen Methoden untersucht und beschrieben.

---

209 Vgl. Gender Mainstreaming - leicht gemacht Praxistipps für mehr Gleichstellung im Magistrat, MD-OS/Dezernat Gender Mainstreaming, Stadt Wien, S. 12.

10. Korpus

Mit Juni 2008 wurde der Betrieb der Software „CLAT“ zur Unterstützung der Qualitätssicherung für die Erstellung von Prüfberichten in der Kontrolleinrichtung aufgenommen.

Ab sofort sollten bei der Prüfberichtserstellung die vorliegenden Regelungen mit Unterstützung der elektronischen Hilfe verbindlich angewendet werden, bevor die Prüfberichte dem Leiter der Prüfeinrichtung zur Redaktion vorgelegt werden.

Der nächste Abschnitt stellt zunächst den eigentlichen zu untersuchenden Gegenstand „Prüfberichte der Kontrolleinrichtung“ vor, der daraufhin mithilfe von statistischen Methoden auf positive bzw. negative Veränderungen in Bezug auf eine Qualitätssteigerung untersucht wird.

10.1 Korpusbeschreibung

Für diese Arbeit wurden insgesamt rd. 500 Prüfberichte der Kontrolleinrichtung aus den Geschäftsjahren 2008 bis 2011 zur Bewertung herangezogen.

Diese Prüfberichte sind hinsichtlich ihrer Herkunft prozentuell auf zwei Prüfgruppen, die inhaltlich unterschiedliche Themenschwerpunkte behandeln, verteilt. Im Folgenden werden diese Gruppen als Gruppe A und Gruppe B bezeichnet.

Die nachfolgende Abb. 10-1 zeigt die Verteilung der untersuchten Berichte prozentuell:

Für beide Gruppen gilt, dass die Textinhalte der Prüfberichte so zu verfassen sind, dass sie einer Textsorte entsprechen sollten, die durch ein Bündel von Eigenschaften und Merkmalen gekennzeichnet sind, wie z.B. gleich aussehende Deckblätter, gleiche Schriftart, gleiche Seitenabstände und viele andere Regelinhalte im Sinne einer „Corporate Identity“.

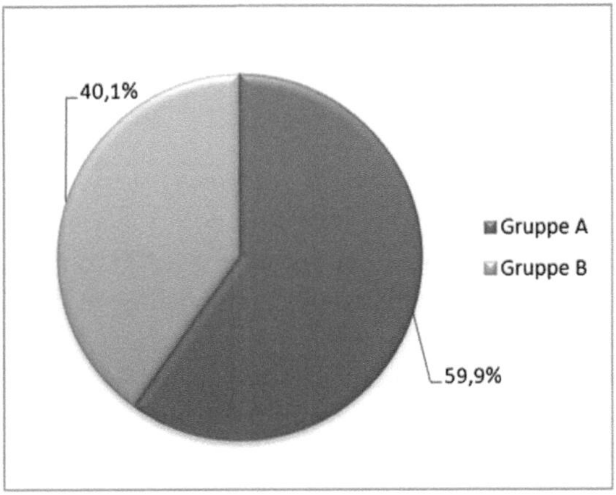

Abb. 10-1: Prüfberichte aus den Gruppen A und B.[210]

Die Seitenzahlen der untersuchten Schriftstücke der Jahre 2008 bis 2011 bewegen sich in einer Bandbreite von ca. 3.300 bis 3.600 Seiten, die Anzahl der verwendeten Wörter zwischen 14,5 Mio. und 19,7 Mio. Wörter pro Geschäftsjahr.[211]

10.2 Fazit

Die untersuchten Prüfberichte der Kontrolleinrichtung können damit als streng reglementierte Textsorte verstanden werden, die sich zwar in Thematik und spezifischen Inhalten, nicht jedoch in Aufbau und Gliederung unterscheiden. Ein Abweichen von diesen Vorgaben kann daher leicht überprüft und gegebenenfalls korrigiert werden.

Inwieweit auch eine verbesserte Textqualität im Sinne von Lesbarkeit und Verständlichkeit mithilfe der Software „CLAT" umgesetzt werden konnte, wird im folgenden Kapitel anhand der untersuchten Dokumente überprüft.

210 Eigene Darstellung.

211 Vgl. Tätigkeitsberichte des Kontrollamtes der Stadt Wien von 2008-2011.

11. Prüfmethode auf Basis von Indikatoren

Die Prüfberichte der Geschäftsjahre 2008 bis 2011 der Kontrolleinrichtung wurden unter Zuhilfenahme einer Prüfsoftware zur Begutachtung und Bewertung der Einhaltung der vorgegebenen Qualitätsstandards mithilfe von den nachfolgend dargestellten Messgrößen untersucht.

11.1 Vorstellung und Prozedere des Evaluierungsinstruments

Als Werkzeug zur Ermittlung von Kennzahlen zur Qualitätssicherung in Dokumentationen wurde die Software „ZertiFAKT", als eine Erweiterung der Software „CLAT", eingesetzt. Dabei bedient sich dieses Werkzeug statistischer Methoden zur Bewertung und Analyse der zu beurteilenden Dokumente.

Die in der Software „CLAT" definierten Regeln bzgl. einer verbesserten Lesbarkeit und Verständlichkeit der Prüfberichte wurden mit Unterstützung der Software „ZertiFAKT" analysiert und ausgewertet.

Dabei wurden die Prüfberichte elektronisch evaluiert, wobei die von der Software „CLAT" markierten Fehler ausgewertet wurden.

Die Auswertungen der Prüfberichte wurden dabei stets auf dieselbe Art und Weise auf sprachliche Korrektheit im Sinne von Orthografie und Grammatik nach dem DUDEN, der Abkürzungskontrolle, der Genderkontrolle, der Stilkontrolle und den Regelungen der Kontrolleinrichtung vorgenommen.

Auf Basis der oben erstellten Auswertungen wurden Kennzahlen zur Qualitätssicherung ermittelt, mit denen der Qualitätsstand des jeweiligen Prüfberichtes gemessen werden konnte, der anschließend für statistische Analysen programmtechnisch aufbereitet wurde.[212]

11.2 Methode

Mithilfe den aus dem Prüfwerkzeug „ZertiFAKT" erstellten Indikatoren werden im nachfolgenden Abschnitt Messgrößen anhand von Beispielen vorgestellt, die für die Zielerreichung von wirkungsorientierten Prüfberichten dienen sollen.

212 Vgl. Handbuch zu ZertiFAKT 1.2, IAI Saarbrücken, Saarbrücken 2010, S. 7.

11.2.1 Indikatoren für die Lesbarkeit

Bei dieser Gruppe von Merkmalen wird der Fokus auf die Satz- und Textlänge gelegt, da kurze Sätze die Informationsaufnahme bei den Adressatinnen bzw. Adressaten erheblich steigern und das Weiterlesen und nicht das Überspringen von Sätzen fördern.[213]

a) Satzlänge

Zu lange Sätze erschweren die Weitergabe von Informationen. Daher wird bei einer Überschreitung der Wortanzahl ab 20 Wörtern pro Satz die Berichtsverfasserin bzw. der Berichtsverfasser aufgefordert, den Satzbau wie auch die Komplexität des Satzes durch Umformulieren oder Teilung auf mehrere Sätze zu ändern.[214] Folgendes Beispiel aus einem Prüfbericht bestätigt diese Vorgehensweise.

> *Hinsichtlich des Auslaufs von Hunden kann der Magistrat nach Anhörung der Grundeigentümerin oder des Grundeigentümers, der Bundespolizeidirektion Wien, des Tierschutzombudsmannes und der örtlich zuständigen Bezirksvorsteherin bzw. Bezirksvorsteher unter Berücksichtigung des Bedürfnisses nach solchen Anlagen und Flächen, ihrer Größe und Lage, aber auch der berechtigten Ansprüche sonstiger Benützerinnen bzw. Benützer, insbesondere von Kindern, auf Schutz vor von Hunden ausgehenden Belästigungen und Gefahren oder aus sonstigen Gründen der ordnungsgemäßen Benützung durch Verordnung sowohl Teile von öffentlich zugänglichen Parkanlagen zu „Hundezonen“ oder andere geeignete Grünflächen (z.B. Lagerwiesen) zu „Hundeauslaufplätzen“ erklären und das dem Wiener Tierhaltegesetz entsprechenden Gebot der Maulkorb- oder Leinenverpflichtung auf diesen Flächen auszusetzen.*[215]

Wie zu erkennen ist, besteht dringender Handlungsbedarf bei diesem Satz unter der Prämisse, dass sich ein Text unter dem Aspekt auf seine Verständlichkeit im Allgemeinen, in seinen Wörtern und Sätzen und hauptsächlich durch seine Kürze und Geläufigkeit auszeichnen soll.[216]

b) Textlänge

Für die Bewertung der Lesbarkeit der Prüfberichte wurden weitere Layout- und Typografie-Indikatoren seitens der Kontrolleinrichtung betreffend zu langer

---

213 Vgl. Bamberger 1984, S. 40-41.

214 Interne Vorgabe aus dem Jahr 2008.

215 Vgl. http://www.kontrollamt.wien.at/berichte/2011/lang/05-17-KA-III-42-1-12.pdf, S. 5, nachgesehen 14. September 2013.

216 Vgl. Bamberger 1984, S. 39.

und unstrukturierter Textabschnitte vorgegeben, welche nachfolgend vorgestellt werden.

Eine Vorgabe ist bspw., dass Aufzählungen als Liste dargestellt werden sollen, falls der Grenzwert von vier Aufzählungen in einem Satz überschritten wird. Auch hier sind die Berichtsverfasserinnen bzw. Berichtsverfasser angehalten, auf die Einhaltung einer einheitlichen und durchgängigen Layoutgestaltung der Prüfberichte Bedacht zu nehmen.

Ein Beispiel, wie eine Darstellung im Listenformat vorzunehmen ist, wird im Folgenden vorgestellt:

> *Einer, ... in eingeschränktem Maße im Intranet von ... zugängigen, Statistik war zu entnehmen, dass die prüfgegenständliche Wohnhausanlage insgesamt 759 Mietobjekte, davon 552 Wohnungen, drei Hausbesorgerinnen- bzw. Hausbesorgerwohnungen, ein Magazin, 185 offene Pkw-Stellplätze, drei Ordinationen und 15 Waschküchen, umfasst.*[217]

Eine Änderung des Formates durch eine optisch strukturiertere Darstellung, wie z.B. mit einer Punkteliste oder einer nummerierten Listendarstellung, würde die Lesbarkeit und Übersichtlichkeit des Satzes deutlich erhöhen.

> *Einer, ... in eingeschränktem Maße im Intranet von ... zugängigen, Statistik war zu entnehmen, dass die prüfgegenständliche Wohnhausanlage in Summe 759 Mietobjekte umfasst:*
>
> - *552 Wohnungen,*
> - *drei Hausbesorgerinnen- bzw. Hausbesorgerwohnungen,*
> - *ein Magazin,*
> - *185 offene Pkw-Stellplätze,*
> - *drei Ordinationen und*
> - *15 Waschküchen.*

Auch besteht in der Kontrolleinrichtung die Vorgabe, mehrere Nebensätze ebenfalls als Liste darzustellen. Folgender Beispielsatz zeigt die Notwendigkeit dieser Umsetzungsvorgabe deutlich.

> *Allerdings war ... festzustellen, dass bis zum Stichtag 30. Juni 2011 keine der ausgewiesenen Haftungen schlagend wurden und dass es aufgrund von projektfortschritts- und finanzierungsbedingten Einschränkungen der betragsmäßigen Haftungssummen bereits zu einer Verminderung der aufgezeigten Haftungen kam.*[218]

---

217 Vgl. http://www.kontrollamt.wien.at/berichte/2011/lang/04-13-KA-III-StW-WW-1-12.pdf, S. 7, nachgesehen 14. September 2013.

218 Vgl. http://www.kontrollamt.wien.at/ausschuss/01/01-22-KA-IV-GU-250-2-12.pdf, S. 64, nachgesehen 14. September 2013.

Aus dem Beispielsatz ist die Informationsdichte deutlich zu erkennen. Eine optisch besser strukturiertere Darstellung des Satzes oder eine Verteilung auf mehrere Sätze würde das Lesen wesentlich erleichtern.

> *Allerdings war ... festzustellen, dass bis zum Stichtag 30. Juni 2011 keine der ausgewiesenen Haftungen schlagend wurden. Die projektfortschritts- und finanzierungsbedingten Einschränkungen erzielten bereits eine Verminderung der aufgezeigten Haftungen.*

11.2.2 Indikatoren für die Verständlichkeit

Bei dieser Gruppe der Indikatoren wird Augenmerk auf die Betrachtung des Satzbaues, die Wortbildung und -länge sowie die Wortinhalte gerichtet und mit folgenden Indikatoren dargestellt.

a) Nominalisierungen

Der vorgegebene Schreibstil der Kontrolleinrichtung sieht bei der Erstellung der Prüfberichte vor, dass von der Verwendung zu vieler Nominalisierungen anstelle von Verben Abstand genommen werden soll.

Dabei wurden als Grenzwert acht Nominalisierungen pro Satz festgelegt, wie der nächste Beispielsatz zeigt:

> *Dieses mit 30. Oktober 2007 datierte Gutachten über die „<u>Bildung</u> einer Bewertungseinheit zwischen vor dem Bilanzstichtag abgeschlossenen Termingeschäften und nach dem Bilanzstichtag wirksam werdenden <u>Stromverkäufen</u>“ kam zum Ergebnis, dass unter den vorliegenden strengen und engen <u>Bedingungen</u> die <u>Bildung</u> einer Bewertungseinheit von Grund- und korrespondierenden Sicherungsgeschäft im Rahmen der unternehmensrechtlichen Grundsätze ordnungsmäßiger <u>Bilanzierung</u> zu rechtfertigen ist, womit das Erfordernis der <u>Bildung</u> einer <u>Rückstellung</u> für drohende <u>Verluste</u> aus Sicherungsgeschäften - bzw. im Sinn der Bilanzierungsvorschriften <u>Rückstellung</u> für drohende <u>Verluste</u> aus schwebenden Geschäften - nicht gegeben ist.*[219]

Weiters soll gemäß den Vorgaben der Kontrolleinrichtung die Verwendung von zu vielen Bedeutungseinheiten innerhalb eines Satzes vermieden werden, damit der Satzbau nicht unnötig verkompliziert wird.

Dies ist auch unter dem Aspekt der zu übermittelnden Informationsdichte zu prüfen, wie folgendes Beispiel zeigt:

---

219 Vgl. http://www.kontrollamt.wien.at/berichte/2011/lang/05-01-KA-IV-GU-221-1-12.pdf, S. 22, nachgesehen 14. September 2013.

Die festgestellten Mängel lagen schwerpunktmäßig auf den Gebieten der Sicherung eines nicht mehr gebrauchstauglichen Verwaltungsgebäudes, der Überlassung von Räumlichkeiten, der Einforderung vertraglich vereinbarter Verpflichtungen, der Behebung von Baugebrechen, der periodisch durchzuführenden Überprüfungen von Bauwerken und Anlagen sowie der Herbeiführung eines rechtskonformen Zustandes eines Bauwerkes.[220]

Hier gilt als Vorgabe für die Berichtsverfasserinnen bzw. Berichtsverfasser ein Umformulieren des Satzes mit weniger Bedeutungseinheiten pro Satz. Dieser Grenzwert wurde nach einigen vorangegangenen Anpassungen mit maximal zehn Bedeutungseinheiten pro Satz festgelegt, sodass der oben genannte Satz wie folgend zu strukturieren ist:

Die festgestellten Mängel zeigten schwerpunktmäßig

- *die Sicherung eines nicht mehr gebrauchstauglichen Verwaltungsgebäudes,*
- *die Überlassung von Räumlichkeiten,*
- *die Einforderung vertraglich vereinbarter Verpflichtungen,*
- *die Behebung von Baugebrechen,*
- *der periodisch durchzuführenden Überprüfungen von Bauwerken und Anlagen und*
- *die Herbeiführung eines rechtskonformen Zustandes eines Bauwerkes auf.*

b) Satzellipsen - Kürzestsätze

Solche Satzellipsen sollen in den Prüfberichten möglichst nicht verwendet werden, weil diese verblosen, telegrammstilartigen Konstruktionen die Informationsweitergabe an die Adressatinnen bzw. Adressaten infolge fehlender Wörter oder gar Satzteile erschweren, wie folgendes Beispiel aufzeigt:

Die Administration und Organisation von gesetzlich vorgeschriebenen und anderen wiederkehrenden Untersuchungen; das Auffinden von personenbezogenen Daten; den Überblick über alle Termine, Untersuchungen und andere personenbezogenen Daten; die Dokumentation sämtlicher medizinischer Leistungen und Untersuchungsergebnisse.[221]

Deshalb sollen - von dem Beispielsatz ausgehend - grammatikalisch vollständige Sätze gebildet und durch ein Ergänzen von Verben leichter lesbar und verständlicher gemacht werden.

220 Vgl. http://www.kontrollamt.wien.at/berichte/2011/lang/05-26-KA-VI-49-2-12.pdf, S. 4, nachgesehen 14. September 2013.

221 Vgl. http://www.kontrollamt.wien.at/ausschuss/02/02-01-KA-I-3-1-12.pdf, S. 21, nachgesehen 14. September 2013.

Die Administration und Organisation von gesetzlich vorgeschriebenen und anderen wiederkehrenden Untersuchungen sollte durch das Auffinden von personenbezogenen Daten erleichtert werden. Dabei wird ein Überblick über alle Termine durch die Dokumentation sämtlicher medizinischer Leistungen und Untersuchungsergebnisse erstellt.

c) Umklammerungsgesetz - Distanz der Verben

Eine Besonderheit der Prüfung des Satzbaues und dessen Komplexität sieht die Methode der Distanzverkürzung zwischen den einzelnen Verbteilen innerhalb eines Satzes vor. Als Vorgabe besteht dabei die maximale Distanz von 20 Wörtern, wie folgendes Beispiel zeigt:

Neben dem damit verbundenen Terminverlust von rd. zwei Monaten und den Mehrkosten von rd. 610.000,- EUR <u>mussten</u> die in diesem Zeitraum bereits in Durchführung befindlichen Montagearbeiten an der Bädertechnik sowie die Beschichtungsarbeiten an den Betonflächen unter Inkaufnahme eines verlorenen Aufwandes <u>unterbrochen werden</u>.[222]

Durch das Umformulieren des Satzes können die einzelnen Bestandteile des Verbs oder der Verbgruppe näher aneinanderrücken, was die Textverständlichkeit wesentlich erhöht.

Neben dem damit verbundenen Terminverlust von rd. zwei Monaten und den Mehrkosten von rd. 610.000,- EUR mussten die in diesem Zeitraum bereits in Durchführung befindlichen Montagearbeiten an der Bädertechnik sowie die Beschichtungsarbeiten an den Betonflächen unterbrochen werden. Die Inkaufnahme eines verlorenen Aufwandes wurde berücksichtigt.

d) Wortbildung und Wortlängen

Das Kontrollamt der Stadt Wien stellte sich der Anforderung, mit der Verkürzung der Wortlängen, der Wortbildung und den Wortinhalten das Lesen der Prüfberichte für die Adressatinnen bzw. Adressaten so angenehm wie möglich zu gestalten.

Als Umsetzungskriterien dieser Qualitätsanforderung sollen die Berichtsverfasserinnen bzw. Berichtsverfasser dabei Bedacht auf die Verwendung von zusammengesetzten Komposita nehmen. Seitens des Kontrollamtsdirektors gilt die Vorgabe, dass Wortzusammensetzungen mit mehr als drei Gliedern zu vermeiden sind, wie dies im nächsten Beispielsatz dargestellt ist.

---

222 Vgl. http://www.kontrollamt.wien.at/ausschuss/01/01-24-KA-VI-GU-46-1-12.pdf, S. 34, nachgesehen 14. September 2013.

Einzelne Haltestellen sind darüber hinaus zusätzlich mit Anzeigetafeln und Lautsprecherdurchsageeinrichtungen ausgestattet.[223]

Mit einem Bindestrich oder der Zerlegung des Kompositums in mehrere Komposita könnte neben der besseren Strukturierung des Satzes und der Erhöhung der Verständlichkeit auch der Wortinhalt, der den Gegenstand oder das Bild, den bzw. das es benennt, einfacher und besser beschrieben werden.

Einzelne Haltestellen sind darüber hinaus zusätzlich mit Anzeigetafeln und Lautsprechern ausgestattet.

11.2.3 Indikatoren für Orthografie und Grammatik

Die Orthografie als ein Teilgebiet der Grammatik beschreibt die formalen Regeln, wie Wörter in Bezug auf die Groß- und die Kleinschreibung, die Getrennt- und Zusammenschreibung, die Anwendung des Bindestrichs, der Fremdwörter, der Interpunktion etc. richtig geschrieben werden.

Des Weiteren beinhaltet die Grammatik zusätzlich zu der Lautlehre (Phonologie) einerseits eine Formenlehre (Morphologie), deren Aufgabe es ist, die Deklinations-, die Konjugations- und die Komparationsformen von Wörtern zu bestimmen. Andererseits gibt sie den Satzbau (Syntax), die Struktur von Sätzen, die Satzarten, die Satzglieder und die Satzkonstruktionen vor.

Aus diesem Regelwerk werden nachstehend zwei Indikatoren als Messgrößen erläutert:

a) Orthografie

Zur Erkennung von Tippfehlern werden von der Software „CLAT" unbekannte Wörter als Fehler markiert. Dabei kann es sich um einen Rechtschreibfehler oder um einen noch nicht hinterlegten Terminus handeln, der nach interner Verifizierung in der Software hinterlegt wird, wie folgendes Beispiel zeigt:

Die im Zuge von Delogierungen von betroffenen Mieterinnen bzw. Mietern oder von Verpflichteten werden die in der Wohnung zurückgelassenen Haustiere dem Wiener Tierschutzhaus in Vösendorf übereignet.[224]

223 Vgl. www.kontrollamt.wien.at/ausschuss/01/01-18-KA-V-GU-230-3-12.pdf, S. 15, nachgesehen 14. September 2013.

224 Vgl. http://www.kontrollamt.wien.at/berichte/2011/lang/04-15-KA-III-StW-WW-3-12.pdf, S. 6, nachgesehen 14. September 2013.

Vösendorf ist ein Ort, der nicht hinterlegt ist und wird nach Prüfung als neuer Terminus in den Wortschatz der Software „CLAT“ aufgenommen.

b) Grammatik

Ein wichtiger Aspekt bei der Grammatikprüfung ist die korrekte Anwendung von „**das**“ und „**dass**“, die im Allgemeinen nach wie vor große Schwierigkeiten bereiten.

Der Wegfall der Verwendung des sogenannten scharfen „ß“ infolge der Rechtschreibreform[225] hat das Problem nicht beseitigt. Auswertungen der Software „CLAT“ zeigen, dass nach wie vor die gleichen Fehler wie bisher auftreten.

11.2.4 Indikatoren für die Abkürzungskontrolle

In den Prüfberichten werden Abkürzungen wie Akronyme, Kurzwörter, Initialwörter, Buchstabenketten und Kürzel verwendet. Was und wie abgekürzt wird, ist in internen Richtlinien vorgegeben und in die Software „CLAT“ eingepflegt.

Dabei wird von der Software „CLAT“ auf falsch geschriebene und auch auf vorgegebene Schreibungen mit Positiv- und Negativlisten hinsichtlich korrekter bzw. falscher Anwendung der Abkürzung geprüft, wie in den nächsten zwei Beispielen dargestellt wird.

Wie das Kontrollamt feststellte, ist die Magistratsabteilung 29 für die Erhaltung und die Überprüfung dieses Objektes entsprechend der RVS 13.03.11 - Überwachung, Kontrolle und Prüfung von Kunstbauten zuständig.

Grundlage für die periodischen Bauwerksüberwachungen bildeten im Jahr 2001 die Richtlinien und Vorschriften für den Straßenbau (RVS), insbesondere die RVS 13.71 - Überwachung, Kontrolle und Prüfung von Kunstbauten bzw. Straßenbrücken.

Durch Hinterlegung der betreffenden Passagen und Abkürzungen kann einfach und rasch entschieden werden, ob die kurze oder die ausgeschriebene Form anzuwenden ist.

Dies hängt einerseits von der Vorgabe der Führungsebene und andererseits von der Einstufung des Inhaltes der Prüfberichte nach formalen, grammatikalischen und inhaltlichen Gesichtspunkten ab.

---

225 Kundgemacht am 15. November 1996, Erlass zur Neuregelung der deutschen Rechtschreibung für die Dienstbereiche der Bundesministerien für Unterricht und kulturelle Angelegenheiten, Wissenschaft, Verkehr und Kunst, Verordnungsblatt (V. Sondernummer), 1996.

11.2.5 Indikator für die Genderkontrolle

Bei der Genderkontrolle wird auf den korrekten Gebrauch des generischen Maskulinums geprüft. Dieses bezieht sich auf ein maskulines Nomen oder Pronomen, bei dem die Geschlechter der natürlichen Personen nicht relevant sind oder die männliche oder weibliche Person gemeint sein soll.[226]

Dies wird durch eine im Hintergrund laufende Ermittlung und Verifikation der Verwendung des Wortes „**man**" untersucht. Dieses Wort soll entsprechend „Gendergerechten Formulierens" vermieden werden, denn durch Umformulieren des Satzes kann die bzw. der Handelnde eindeutig bestimmt werden.

Näheres zu der Verwendung „**man**" - „**frau**" wurde bereits im Kapitel 9 - „Umsetzung des Geschlechtergerechten Formulierens" erläutert.

11.2.6 Indikatoren für die Stilkontrolle

Die Richtlinien der Kontrolleinrichtung sehen vor, dass zahlreiche Wörter und Wortphrasen zu vermeiden sind. Die Software „CLAT" unterstützt dabei die Verfasserinnen bzw. Verfasser durch Anzeige und Vorschlag von Alternativen.

Die diesbezüglichen Indikatoren wurden dazu in die Software „CLAT" integriert und ermöglichen damit das Auffinden von „unerwünschten" Wörtern. Als Beispiel sei das Wort „mittels" vorgestellt, das durch „mithilfe" ersetzt werden soll:

> *Deshalb wurde wohl die Lösung mittels eines nicht rückzahlbaren Betrages gewählt, der aber hinsichtlich der Verrechenbarkeit gegenüber den Mieterinnen und Mietern analog dem §14 Abs. 3 und 4 des genannten Gemeinderatsbeschlusses als Annuität darzustellen war.*[227]
>
> *Gegenüber: Deshalb wurde wohl die Lösung mithilfe eines nicht rückzahlbaren Betrages gewählt, der aber hinsichtlich der Verrechenbarkeit gegenüber den Mieterinnen und Mietern analog dem § 14 Abs. 3 und 4 des genannten Gemeinderatsbeschlusses als Annuität darzustellen war.*

Ein weiterer Stilindikator stellt die Bewertungsmöglichkeit von Sachverhaltsdarstellungen in den Prüfberichten dar, die sich auf einen Zeitpunkt bzw. einen Zeitraum beziehen.

Das Augenmerk wird dabei auf die Vermeidung von „**bisherig**" gelegt, wie nachfolgendes Beispiel vorsieht:

---

226 Vgl. Klann-Delius 2004, S. 24, S. 26, S. 29f.

227 Vgl. http://www.kontrollamt.wien.at/berichte/2011/lang/04-13-KA-III-StW-WW-1-12.pdf, S. 20, nachgesehen 14. September 2013.

Bisherigen Erfahrungswerten aus anderen Einschauten folgend ist davon auszugehen, dass eine Überprüfung der HMZ-Abrechnung durch die Schlichtungsstelle eine weitere Saldenkorrektur ergeben wird.[228]

Ersetzt durch: Erfahrungswerte aus anderen Einschauten bestätigen, dass eine Überprüfung der HMZ-Abrechnung eine weitere Saldenkorrektur bei der Schlichtungsstelle ergeben wird.

11.3 Ausblick zur Analyse

Die in den vorangegangenen Kapiteln vorgestellten Indikatoren stellen die Grundlage in dieser Arbeit für die Analyse der Prüfberichte dar. Im folgenden Kapitel wird beschrieben, ob und in welchem Ausmaß die Qualität der Prüfberichte mithilfe der Software „CLAT“ gesteigert werden konnte.

228 Vgl. http://www.kontrollamt.wien.at/berichte/2011/lang/04-14-KA-III-StW-WW-2-12.pdf, S. 12, nachgesehen 14. September 2013.

12. Analyse der Prüfberichte

In diesem Abschnitt wird die systematische Untersuchung von Prüfberichten der Kontrolleinrichtung beschrieben. Dabei werden die wichtigsten Auswirkungen des Einsatzes der Software „CLAT" in Bezug auf eine Qualitätssteigerung bei der Erstellung der Prüfberichte auf Basis der im vorigen Kapitel beschriebenen Indikatoren gemessen und ausgewertet.

Im Rahmen der Untersuchung wird mithilfe der Textoberfläche, die als objektiv zugängliche und damit mess- und kontrollierbare Größe im Verstehensprozess gilt[229], analysiert, inwieweit ein Wirken der elektronischen Unterstützungshilfe „CLAT" tatsächlich stattgefunden hat.

12.1 Analyse der Textoberfläche

Die Beschreibungen der Textoberfläche orientieren sich im folgenden Abschnitt ausschließlich an den elektronisch lesbaren Zeichen. Hierfür wurden die Entwicklung der Gesamtanzahl der Wörter in den Prüfberichten sowie jene pro Satz unter Zuhilfenahme einer statistischen Aufbereitung untersucht. Die sprachlichen bzw. inhaltlichen Aspekte der Zeichen werden bei dieser Analyse nicht berücksichtigt.

12.1.1 Wörter pro Prüfbericht

Die Prüfberichte weisen über die ausgewählten Geschäftsjahre 2008 bis 2011 in beiden Gruppen nach einem Rückgang im Jahr 2009 einen Anstieg von Wörtern pro Prüfbericht über den gesamten Beobachtungszeitraum aus, wie Abb. 12-1 ausweist.

Wie die Grafik zeigt, ist eine signifikante Steigerung in der Entwicklung der Anzahl von Wörtern pro Prüfbericht zu erkennen.

Daraus kann jedoch weder auf einen positiven noch einen negativen Effekt im Hinblick auf die Qualität wie z.B. das Erreichen einer besseren Lesbarkeit bzw. Verständlichkeit durch die Software „CLAT" geschlossen werden.

229 Vgl. Ballod 2001, S. 70.

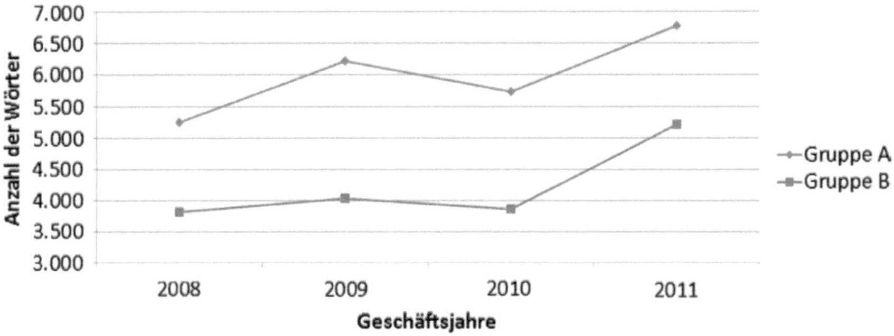

Abb. 12-1: Entwicklung - Wörter pro Bericht.[230]

Vor diesem Hintergrund wird in einem weiteren Vorgehen die Anzahl der Wörter pro Satz in den Prüfberichten einer näheren Untersuchung unterzogen.

12.1.2 Wörter pro Satz in den Prüfberichten

Die nächste Auswertung zeigt, dass in den Prüfberichten der Gruppe A die Anzahl der Wörter pro Satz in den einzelnen Geschäftsjahren 2008 und 2009 rapide abnimmt (s. Abb. 12-2).

Im Geschäftsjahr 2010 erreicht die Anzahl der Wörter pro Satz jedoch annähernd wieder denselben Wert, wie vor Inbetriebnahme der Software „CLAT“ und sinkt wieder pro Satz und Bericht.

In der Gruppe B stellt sich die oben beschriebene Entwicklung nur langsam ein, im Gegensatz zur Gruppe A hält sie über den gesamten Beobachtungszeitraum an. Diese kontinuierliche Verringerung der Anzahl an Wörtern pro Satz und Bericht zeigt nachfolgende Abbildung.

Aus dieser Auswertung wird auch deutlich sichtbar, dass die Sätze der Gruppe B im Mittel um zwei Wörter mehr enthalten als die Sätze der Prüfberichte der Gruppe A.

Generell ist festzuhalten, dass in beiden Gruppen eine leichte Tendenz zur Reduzierung von Wörtern festzustellen ist, was dem Anschein nach auf eine Qualitätsverbesserung der Prüfberichte durch den Einsatz der Software „CLAT“ schließen ließe.

Inwieweit obige Aussage nicht nur auf statistischen Schwankungen beruht, werden die genaueren Untersuchungen im nächsten Abschnitt zeigen.

230 Eigene Darstellung.

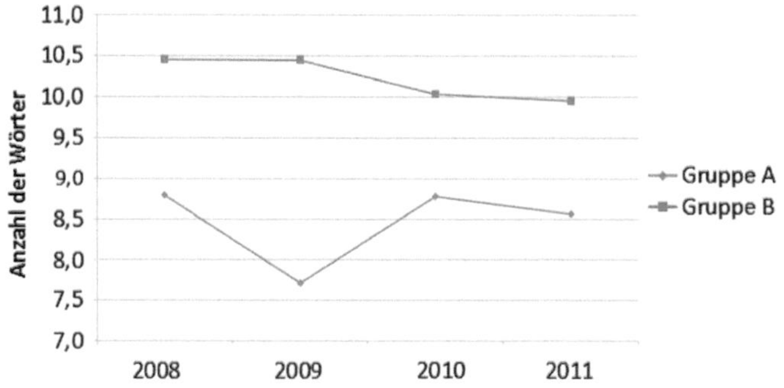

Abb. 12-2: Entwicklung - Wörter pro Satz.[231]

12.2 Analyse auf Basis ausgewählter Indikatoren

Im Folgenden werden die Lesbarkeit und die Verständlichkeit, die Orthografie und Grammatik nach DUDEN, die Abkürzungskontrolle, die Genderkontrolle und die Stilkontrolle nach den eigenen Vorgaben der Kontrolleinrichtung mithilfe der im Kapitel 11 vorgestellten Indikatoren untersucht.

Dabei werden die Indikatoren in die Untersuchung soweit einbezogen, dass ein Zusammenhang zwischen verbesserter Lesbarkeit bzw. Verständlichkeit der untersuchten Prüfberichte mit dem Einsatz und der Unterstützung der Software „CLAT“ hergestellt werden kann.[232]

12.2.1 Lesbarkeit

a) Wörter pro Satz

Wie bereits erwähnt, sieht die Soll-Vorgabe dieses Indikators vor, dass die Berichtsverfasserinnen bzw. Berichtsverfasser bei einer Überschreitung von 20 Wörtern pro Satz aufgefordert werden, eine Verkürzung bzw. eine Umformulierung des Satzes vorzunehmen. Diese Vorgabe wird nicht immer erfüllt, wie nachfolgende Abb. 12-3 zeigt.

Ein Trend zur Verkürzung der Sätze in den Prüfberichten konnte zwar kurzfristig im Geschäftsjahr 2009 bei beiden Gruppen abgeleitet werden. Diese Entwicklung ging jedoch im Geschäftsjahr 2010 wieder in die Gegenrichtung.

231 Eigene Darstellung.

232 Vgl. Ballod 2001, S. 81.

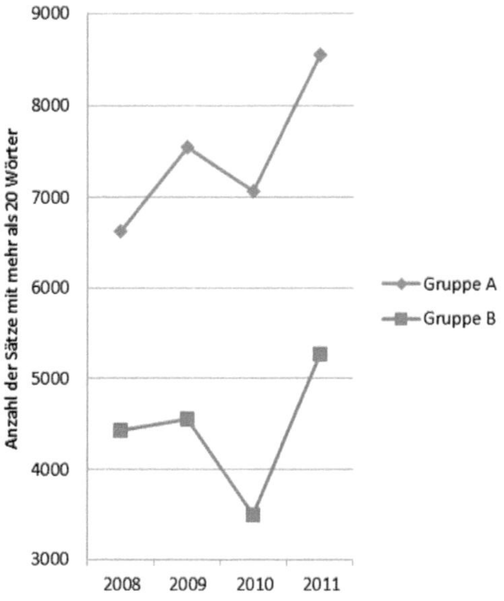

Abb. 12-3: Entwicklung der absoluten Anzahl an Sätzen > 20 Wörter.[233]

Bei geänderter Betrachtungsweise auf die Prüfberichte ergibt sich, dass der prozentuelle Anteil von Sätzen mit mehr als 20 Wörtern, bezogen auf die Gesamtanzahl der Sätze in den Prüfberichten pro Geschäftsjahr, eine gegenteilige Entwicklung aufweist, s. dazu nachfolgende Abb. 12-4:

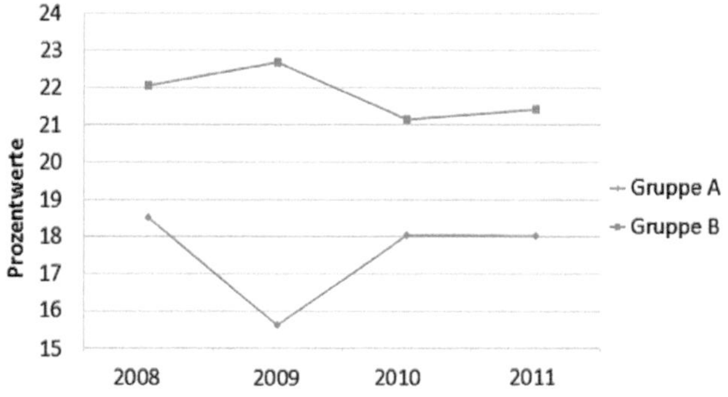

Abb. 12-4: Entwicklung der relativen Anzahl an Sätzen > 20 Wörter.[234]

233 Eigene Darstellung.

234 Eigene Darstellung.

Wie Abb. 12-4 zeigt, gab es seit der Einführung der Software „CLAT" zwar insgesamt eine leichte Tendenz, Sätze mit geringerer Wortanzahl zu bilden (22 % zu 21,5 % bzw. 18,5 % zu 18 %).

Im Gesamtschnitt wird diese Vorgabe jedoch in 20 % der Fälle gleichbleibend überschritten, weshalb für einen länger andauernden und nachhaltig positiven Trend zur Umsetzung einer verbesserten Lesbarkeit durch eine Satzverkürzung weiterer Handlungs- und Diskussionsbedarf besteht.

b) Aufzählungen als Liste

Inwieweit dabei jene Aufzählungen, die als Liste dargestellt wurden, die Akzeptanz bei den Verfasserinnen bzw. Verfassern für eine bessere Lesbarkeit der Prüfberichte erreicht hat bzw. noch weiteres Potenzial zur Steigerung dieser gegeben ist, zeigt die nächste Auswertung des folgenden Indikators.

Dieser Indikator sieht vor, dass Aufzählungen als Liste darzustellen sind, wenn der Grenzwert von vier Aufzählungen pro Satz überschritten wird. Abb. 12-5 stellt die Entwicklung beider Gruppen dar:

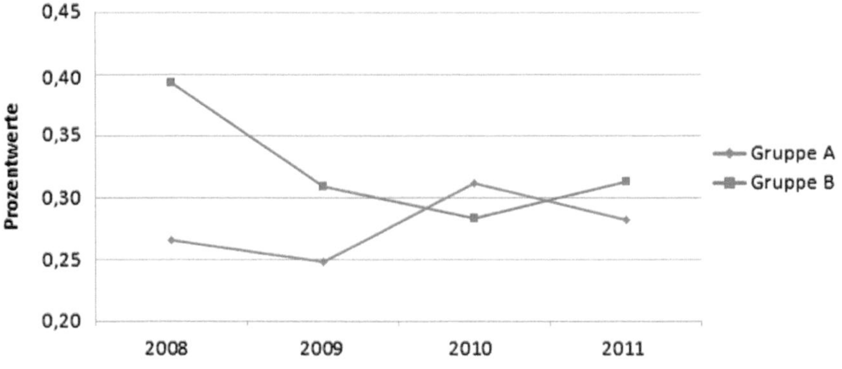

Abb. 12-5: Entwicklung von Aufzählungen als Liste darstellen.[235]

Bei beiden Gruppen zeigt sich, dass die Listendarstellung anstelle der Verwendung von Aufzählungen von den Berichtsverfasserinnen bzw. Berichtsverfassern zu Beginn der Anwendung der elektronischen Unterstützungshilfe angenommen wurde.

235 Eigene Darstellung.

Aus der gegenständlichen Messung kann die These aufgestellt werden, dass die Software „CLAT“ ein grundsätzlich positives Bewusstsein für eine bessere Lesbarkeit bei den Berichtsverfasserinnen bzw. Berichtsverfassern geschaffen hat, jedoch war dies nicht von Dauer, wie die Auswertungen belegen. Die nächste Analyse betreffend die Verbesserung der Verständlichkeit von Prüfberichten wird zeigen, ob dieser Verlauf auch bei diesen Indikatoren gegeben ist.

12.2.2 Verständlichkeit

a) Nominalisierungen

Wie bereits in Kapitel 5 - Verständlichkeit der Verwaltungssprache - angeführt, sieht der Schreibstil der Kontrolleinrichtung für die Prüfberichterstellung vor, dass soweit wie möglich die Verwendung von Verben in den Sätzen der Prüfberichte anstelle von Nominalisierungen Anwendung finden soll.

Als Grenzwert sind dabei maximal acht Nominalisierungen pro Satz festgelegt.

Die nachfolgende Abb. 12-6 zeigt die Entwicklung bei den Prüfberichten der Geschäftsjahre von 2008 bis 2011 auf:

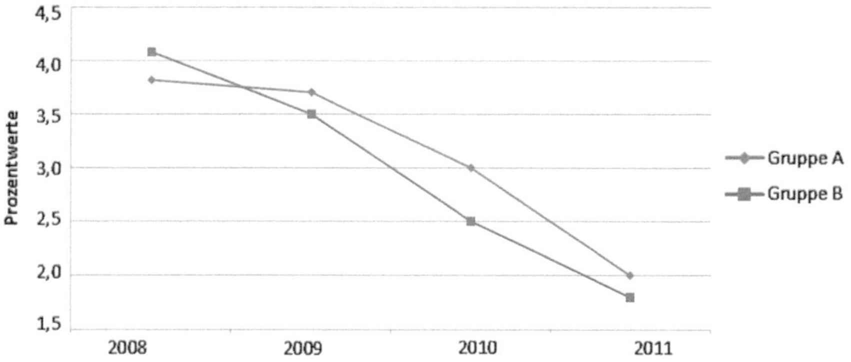

Abb. 12-6: Entwicklung - Nominalisierungen vermeiden.[236]

Gegenüber den beiden vorangegangen Indikatoren zeigt sich, dass bei beiden Gruppen eine kontinuierliche Reduktion der Verwendung von Nominalisierungen im gesamten Beobachtungszeitraum stattgefunden hat.

236 Eigene Darstellung.

Es liegt dabei die Vermutung nahe, dass die Verbesserungsvorschläge der Software „CLAT“ bei der Verwendung von Nominalisierungen auf die Verfasserinnen bzw. Verfasser der Berichte nachhaltig eingewirkt haben.

Auch die Anwendung von verkürzten Sätzen bzw. Satzellipsen sollte nach den internen Vorgaben vermieden werden, was im nächsten Abschnitt näher untersucht wurde.

b) Satzellipsen

Mit der Auswertung dieses Indikators wurden verblose, telegrammstilartige Konstruktionen analysiert, die durch das Auslassen von Wörtern oder Satzteilen gekennzeichnet sind:

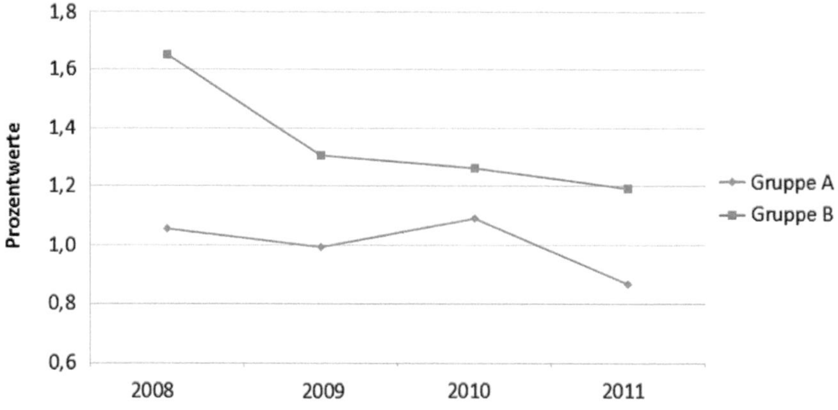

Abb. 12-7: Entwicklung von verblosen Konstruktionen.[237]

Wie die Auswertung in Abb. 12-7 zeigt, findet seit dem Einsatz der Software „CLAT“ eine Reduktion von grammatikalisch unvollständigen Sätzen statt.

Durch das Ergänzen von Verben und ganzer Satzteile werden die Prüfberichte für die Adressatinnen bzw. Adressaten nicht nur leichter lesbar und verständlicher, sondern ermöglichen auch eine schnellere Informationsaufnahme aus den einzelnen Sätzen.

Dies sollte auch für den nächsten Indikator gelten, der den Abstand der einzelnen Bestandteile des Verbs oder der Verbgruppe innerhalb eines Satzes misst.

237 Eigene Darstellung.

c.) Verbteile annähern

Wie beschrieben liegt der Schwellenwert hier bei einem Abstand von 20 Wörtern. Bei einem größeren Abstand wird die Informationsdichte zwischen dem ersten und dem zweiten Teil des Verbs bzw. der Verbgruppe zu hoch. Stehen diese nahe zusammen, wird damit ein leichteres Textverständnis bei den Adressatinnen bzw. Adressaten gefördert.

Die nachfolgende Abb. 12-8 zeigt die Entwicklung im Beobachtungszeitraum der Jahre 2008 bis 2011:

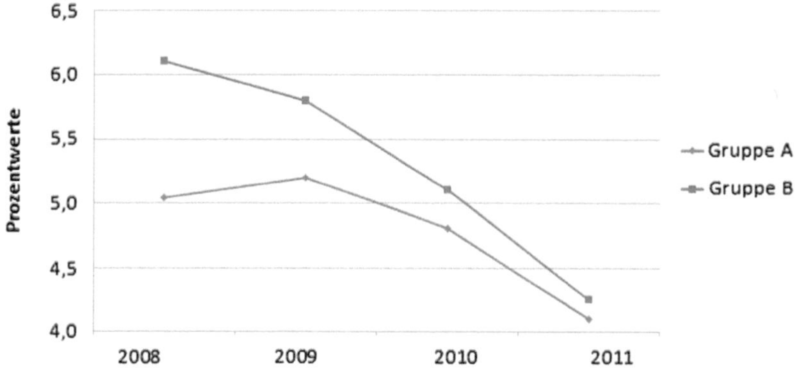

Abb. 12-8: Entwicklung der Distanz zwischen Verbteilen verkürzen.[238]

Aus obiger Auswertung ist ersichtlich, dass seit dem Einsatz der Software „CLAT“ eine stetige Abwärtsbewegung gemessen werden kann.

d) Komposita-Zerlegung

Dieser Indikator misst die Komplexität der verwendeten Komposita auf einen vorgegebenen Maximalwert von drei Gliedern, s. folgende Abb. 12-9.

Die Auswertung zeigt, dass erst ab dem Geschäftsjahr 2011 eine Reduzierung der Komposita-Zerlegung in den Prüfberichten stattgefunden hat.

Die Erhöhung der Verständlichkeit des Textes im Sinne von Lesbarkeit wurde dabei auch mithilfe einer zusätzlichen Erweiterung realisiert, nämlich durch die Setzung eines oder mehrerer Bindestriche, wodurch mitunter eine klarere und bessere Strukturierung des einzelnen Kompositums erreicht werden kann.

238 Eigene Darstellung.

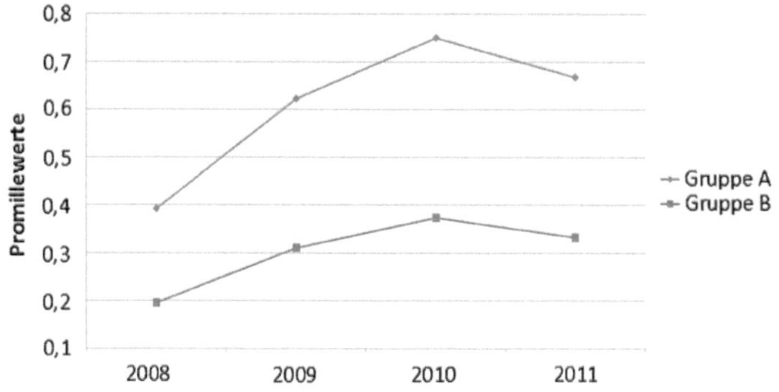

Abb. 12-9: Entwicklung von zu langen Komposita (maximal drei Glieder).[239]

Im nächsten Abschnitt werden die Einhaltung der formalen Regeln der Grammatik und die Rechtschreibung unter Zuhilfenahme der vordefinierten Indikatoren in Bezug auf ein besseres Sprachverständnis und die Vermeidung von störenden Fehlern in der schriftlichen Darstellung der Prüfberichte untersucht.

12.2.3 Orthografie und Grammatik

a) Rechtschreibung

Der folgende Indikator in Abb. 12-10 misst die Erkennung unbekannter Wörter in der Software „CLAT“:

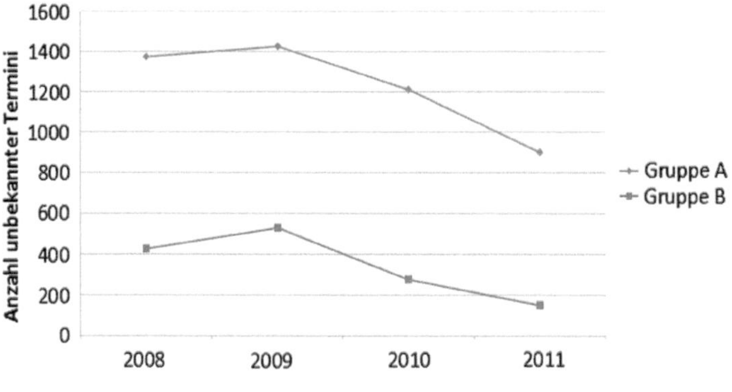

Abb. 12-10: Entwicklung unbekannter Termini.[240]

239 Eigene Darstellung.
240 Eigene Darstellung.

Da verwaltungsspezifische Wörter nach und nach in die Software „CLAT“ eingepflegt wurden bzw. noch werden, konnte dieser Indikator nach einem anfänglichen Anstieg im Geschäftsjahr 2009 kontinuierlich reduziert werden.

Im Anhang sind die neuen verwaltungsspezifischen Wörter angeführt.

b) Grammatik

Der nächste Indikator misst die Falschschreibung von „dass“ in den Prüfberichten wie Abb. 12-11 zeigt:

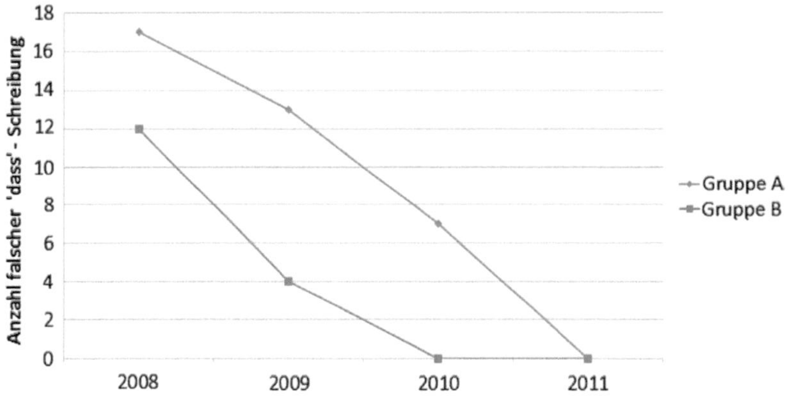

Abb. 12-11: Entwicklung - Schreibung von „dass“ überprüfen.[241]

Positiverweise ist festzuhalten, dass in beiden Gruppen dieser Fehler mithilfe der Software „CLAT“ in den Prüfberichten des Kontrollamtes der Stadt Wien nahezu ausgeschlossen werden konnte.

12.2.4 Abkürzungskontrolle

Der nachfolgende Indikator misst die vorgegebene Schreibung für Akronyme, Kurzwörter, Initialwörter, Buchstabenketten etc. (s. Abb. 12-12).

Der hohe Wert an noch nicht hinterlegten Abkürzungen war einerseits auf zwar notwendige, aber häufige Wiederholungen derselben in den jeweiligen Prüfberichten zurückzuführen. Andererseits sollten sie bei der Redaktion auf Führungsebene durch farblich gesonderte Fehlermarkierung deutlich ersichtlich sein.

241 Eigene Darstellung.

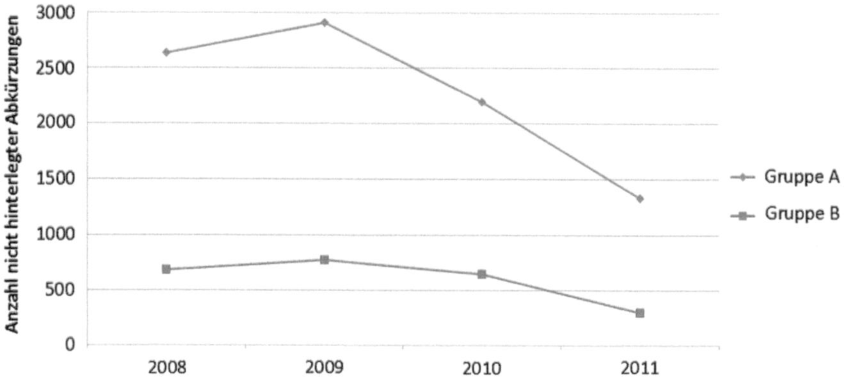

Abb. 12-12: Entwicklung - Schreibung von Akronymen etc. überprüfen.[242]

12.2.5 Genderkontrolle

Der nachfolgende Indikator zielt auf die ordnungsgemäße Umsetzung der „Gendergerechten Formulierung" in den Prüfberichten ab. Dabei wird die korrekte Verwendung des generischen Maskulinums geprüft, wobei sich der Indikator auf das Wort „man" bezieht, bei dem die männliche oder weibliche Person gemeint sein soll.

Nach Vorgabe der „Gendergerechten Formulierungen" soll jedoch durch Umformulieren des Satzes die bzw. der Handelnde eindeutig in den Prüfberichten benannt werden.

Die Auswertung dieser Vorgabe wird in folgender Abb. 12-13 skizziert.

Wie daraus ersichtlich ist, wird die Umsetzung der „Gendergerechten Formulierungen" mit dem Bezug auf das Wort „man" als Indikator mit der Einführung von der Software „CLAT" in den Gruppen A und B durchgeführt.

Im Geschäftsjahr 2011 bewegte sich die Fehlerquote, wie aus Abb. 12-13 ersichtlich, gegen „0" und bewirkte hinsichtlich dieses Indikators erstmals eine vollständige Erfüllung der Stilvorgaben der Führungsebene.

Damit war gleichzeitig der für die Erstellung der in der Software „CLAT" hinterlegten Genderregeln verwendete Ressourcenaufwand gerechtfertigt.

242 Eigene Darstellung.

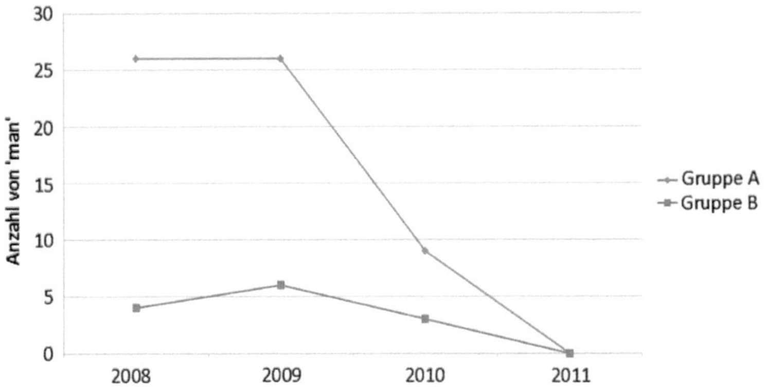

Abb. 12-13: Entwicklung - Schreibung von „man“ vermeiden.[243]

12.2.6 Stilkontrolle

Die folgenden Indikatoren messen die Einhaltung der Stilvorgaben im Hinblick auf die Vermeidung der Wörter „mittels“ und „bisherig“ nach entsprechender Überprüfung und Aufforderung durch die Software „CLAT“.

Die nächsten beiden Abb. 12-14 bzw. Abb. 12-15 stellen die diesbezüglichen Entwicklungen dar:

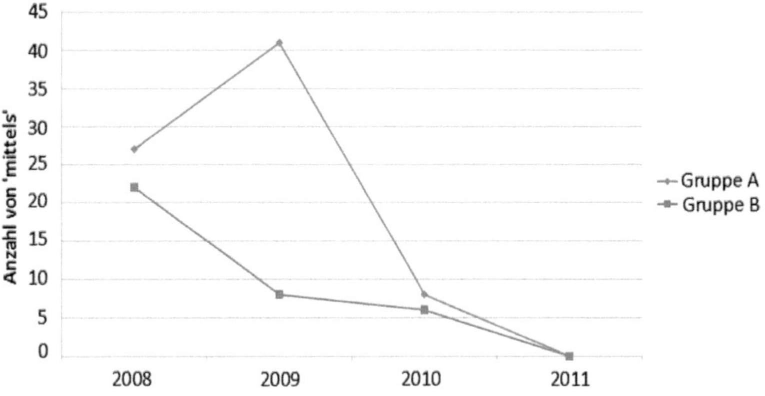

Abb. 12-14: Entwicklung - „mittels“ vermeiden.[244]

---

243 Eigene Darstellung.

244 Eigene Darstellung.

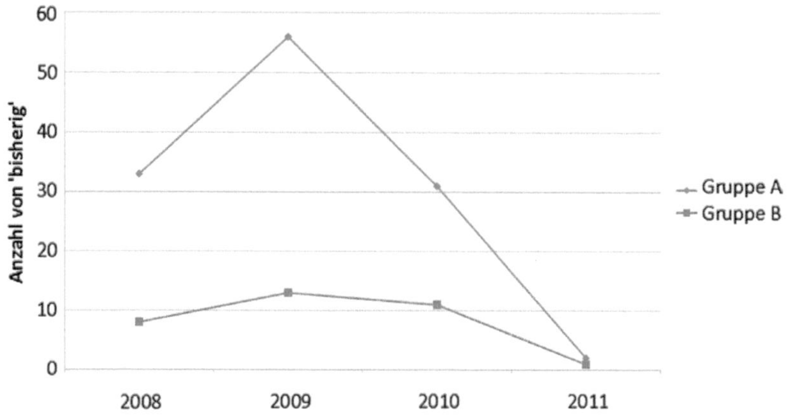

Abb. 12-15: Entwicklung - „bisherig“ vermeiden.[245]

Die Wörter „mittels“ bzw. „bisherig“ werden von der Gruppe B ab der Inbetriebnahme der Software „CLAT“ stetig verringernd aus ihrem Wortschatz gestrichen.

Bei der Gruppe A im Gegensatz kommt es erst mit dem Geschäftsjahr 2009 zu einer Reduktion der Verwendung der Wörter „mittels“ bzw. „bisherig“.

Über den gesamten Beobachtungszeitraum gemessen, konnte die Verwendung dieser Wörter entsprechend den internen Stilvorgaben deutlich reduziert werden, wie beide Auswertungen zeigen.

12.3 Fazit

Sämtliche dargestellten Auswertungen der Indikatoren liefern großteils positive Ergebnisse in Bezug auf die elektronische Unterstützung mit der Software „CLAT“.

Eine Verbesserung der Qualität der Verwaltungssprache am Beispiel der Kontrolleinrichtung ist feststellbar, allerdings lassen die einzelnen Auswertungen der Indikatoren weitere Optimierungspotenziale zur besseren Verständlichkeit der Prüfberichte erkennen.

Im nächsten Kapitel wird untersucht, wie die Verfasserinnen bzw. Verfasser der Prüfberichte die Unterstützung durch die Software „CLAT“ empfinden und ihre diesbezüglichen Reaktionen werden unter dem Aspekt einer gesamtheitlichen Qualitätssteigerung der Prüfberichte in beiden Prüfgruppen zusammengefasst.

245 Eigene Darstellung.

13. Auswertungen der Indikatoren

In diesem Abschnitt werden die Ergebnisse der in den vorangegangenen Kapiteln vorgestellten und analysierten Indikatoren zur Überwachung einer kontrollierten Sprache in der Kontrolleinrichtung mithilfe der Software „CLAT“ unter Einbeziehung der Ansichten und Reaktionen der Leitungen der beiden Prüfgruppen und der Berichtsverfasserinnen bzw. Berichtsverfasser gegenübergestellt und beschrieben.

Zunächst werden die Untersuchungsergebnisse der Textoberfläche der Prüfberichte bewertet, wobei der vorliegende Textkorpus in Bezug auf eine Qualitätsverbesserung der Prüfberichte analysiert wird.

13.1 Textoberfläche

Wie die unten angeführte Abbildung aus der Auswertung im vorigen Kapitel 12 - Analyse der Prüfberichte - zeigt, kann über den gesamten Zeitraum in beiden Gruppen eine stetige Verringerung der Wörter in den Sätzen der Prüfberichte gegenüber dem restlichen Beobachtungszeitraum festgestellt werden:

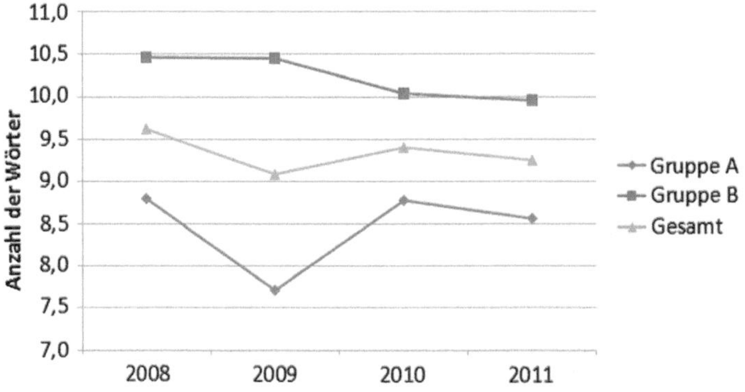

Abb. 13-1: Entwicklung Wörter pro Satz.[246]

246 Eigene Darstellung.

Eine weitere Analyse auf Gruppenebene und eine Befragung zu diesem Indikator hat dabei Folgendes ergeben:

a) Gruppe A

Obwohl die Anzahl der Wörter pro Prüfbericht im Geschäftsjahr 2009 um 3,8 % gegenüber dem Durchschnittswert anstieg, sank demgegenüber die durchschnittliche Anzahl auf 7,7 % Wörter pro Satz, wobei der Durchschnitt für den übrigen Beobachtungszeitraum bei 8,5 Wörtern lag.

Bei den Einzelbefragungen der Berichtsverfasserinnen bzw. Berichtsverfasser hinsichtlich der Verkürzung der Wortanzahl in den Sätzen wurde angegeben, dass für eine raschere Erstellung von nahezu fehlerfreien Berichten, kurze und prägnante Sätze seitens der Software „CLAT“ weniger Fehlermarkierungen auslösen als lange, geschachtelte Sätze.

Diese wurde vorerst als Verbesserung der Qualität gesehen und die Vorgaben der elektronischen Hilfe seitens der Verfasserinnen bzw. Verfasser angenommen.

Der neuerliche Anstieg der Wortanzahl im Folgejahr wurde im Allgemeinen damit begründet, dass die bloße Übernahme der elektronischen Verbesserung die Individualität bei der Berichtserstellung einschränke und deshalb wieder mehr Augenmerk auf den Inhalt gelegt wurde.

Die Tendenz zur individuellen „Gestaltungsfreiheit“ in den Prüfberichten wurde durch die Redaktion der nächsten Führungsebene jedoch hintangehalten, sodass bereits für das Geschäftsjahr 2011 wieder eine Verringerung der Wörter in den Sätzen der Prüfberichte festgestellt werden konnte.

b) Gruppe B

Diese Gruppe sah zu Beginn des Einsatzes der Software „CLAT“ keinen unmittelbaren Handlungsbedarf hinsichtlich einer Veränderung der bisherigen Berichtserstellung.

Von besonderem Interesse war für die Gruppe B jedoch, dass Straßen-, Plätze- und Wegebezeichnungen in die Software „CLAT“ eingepflegt werden, um den Berichtsverfasserinnen bzw. Berichtsverfassern die richtige Schreibweise dieser Bezeichnungen bei der Erstellung der Prüfberichte zu erleichtern, wie Abb. 13-2 zeigt.

In der Folge wurden daher rd. 5.500 Straßen-, Plätze- und Wegebezeichnungen in die Software „CLAT“ eingepflegt.

Damit konnte in dieser Prüfgruppe ein neues Selbstverständnis, eine zusätzliche Motivation im Hinblick auf die Einsatzmöglichkeiten der Software „CLAT“ gefunden werden, was infolge auch zu einer Verringerung der Wörter pro Satz in den Prüfberichten führte (s. Abb. 13-1).

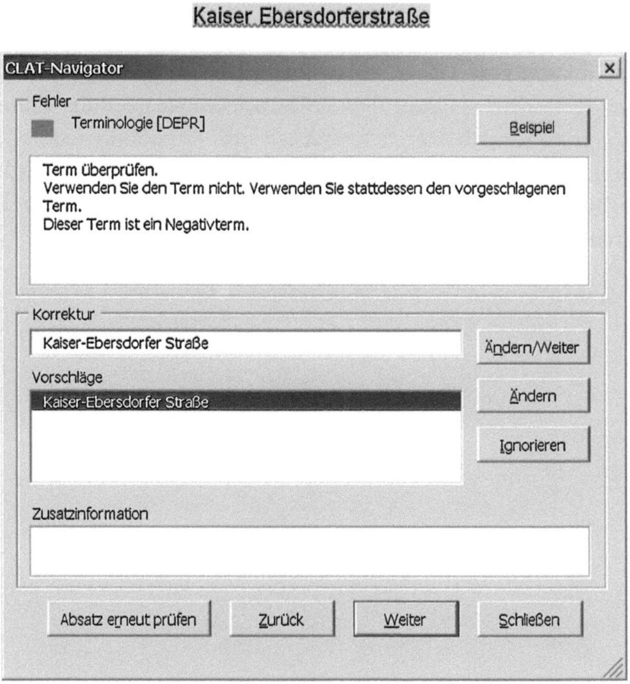

Abb. 13-2: Terminologie Straßen und Wege.[247]

13.2 Reaktionen und Diskussionen

Generell wird die Verwendung der Software „CLAT" von den befragten Berichtsverfasserinnen bzw. Berichtsverfassern sowie den Prüfgruppenleitungen der Kontrolleinrichtung grundsätzlich als positive Unterstützungshilfe bei der Erstellung von Prüfberichten gesehen.

Dabei wird vor allem eine Erleichterung im Sinne einer rascheren und effizienteren Texterstellung bei der Textsorte Prüfberichte bestätigt, wie Erhebungen mithilfe von persönlichen Befragungen ergaben. Ebenso wird die Kontrolle der verfassten Texte auf Lesbarkeit und Verständlichkeit positiv aufgenommen.

Um dies zu verifizieren wurden die Ergebnisse der Analyse auf Basis der ausgewerteten Indikatoren aus Kapitel 12 - Analyse der Prüfberichte - mit den Angaben der Berichtsverfasserinnen bzw. Berichtsverfasser verglichen.

247 Screenshot aus der CLAT-Software.

13.2.1 Kürzere Sätze

Seit der Einführung von „CLAT“ wird sowohl von den Berichtsverfasserinnen bzw. Berichtsverfassern als auch den Prüfgruppenleitungen die Ansicht vertreten, dass im Sinne einer besseren Lesbarkeit und Verständlichkeit ein größeres Bewusstsein für die Verwendung von kürzeren Sätzen geschaffen wurde.

Dies macht die Auswertung des Indikators in Abb. 13-3 aus dem vorigen Kapitel übergreifend für beide Prüfgruppen deutlich:

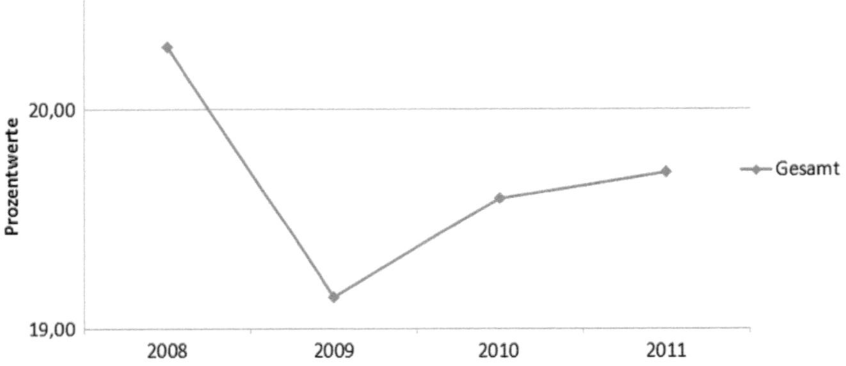

Abb. 13-3: Entwicklung der Sätze in den Berichten > 20 Wörter.[248]

Seit dem Einsatz der elektronischen Hilfe der Software „CLAT“ wurden während des gesamten Beobachtungszeitraumes durchschnittlich nur mehr rd. 19,7 % der erstellten Sätze nach den internen Vorgaben der Kontrolleinrichtung mit maximal 20 Wörtern pro Satz verfasst. Als Ziel sollte jedoch annähernd 0 % der Sätze definiert werden.

Aus Sicht der am Berichtsprozess Beteiligten kann jedoch eine überproportionale Bevorzugung von kurzen Einzelsätzen zu einer Verminderung der Verständlichkeit der Texte führen, da viele einzelne Informationen zu einem übergeordneten, zusammenhängenden und verstehbaren Ganzen von den Adressatinnen bzw. Adressaten zusammengefügt werden müssen.

Der oben skizzierte und ausgewertete Indikator führte deshalb zu intensiven Diskussionen unter den Verfasserinnen bzw. Verfassern der Berichte, die sich auch bei den Auswertungen der folgenden Indikatoren in Bezug einer verbesserten Lesbarkeit und Verständlichkeit zeigen.

248 Eigene Darstellung.

13.2.2 Lesbarkeit und Verständlichkeit

a) Listendarstellungen

Die Berichtsverfasserinnen bzw. Berichtsverfasser sehen optische Formatierungen, wie z.B. Aufzählungen als Beitrag zur Verbesserung der Lesbarkeit bzw. Verständlichkeit der Prüfberichte.

Auch vonseiten der Führungsebene wurde ein verstärktes Anwenden optischer Formatierungen im laufenden Text zur besseren Lesbarkeit begrüßt. Neben dieser Aufzählungsvariante sollen auch Tabellen und Grafiken als zusätzliches gestalterisches Mittel in die Prüfberichte einfließen. Hingegen sind Fußnoten bzw. Endnoten möglichst zu vermeiden.

Die Abb. 13-4 stellt die Entwicklung von Aufzählungen unter Verwendung der Listenform dar:

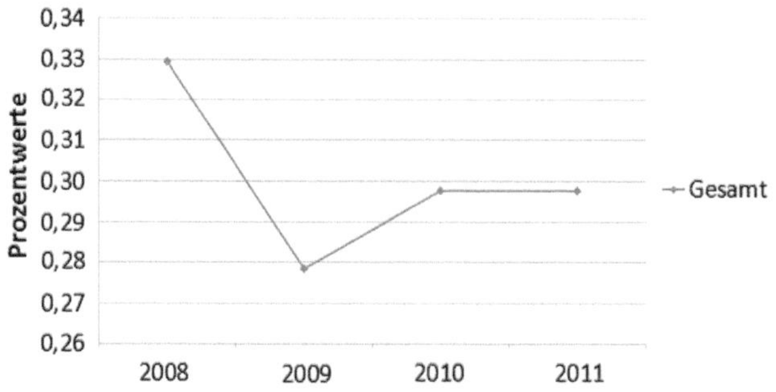

Abb. 13-4: Entwicklung von Aufzählungen als Liste darstellen.[249]

Während im ersten Jahr des Beobachtungszeitraumes ein signifikanter Rückgang entsprechend den internen Richtlinien festzustellen war, stieg in den folgenden Jahren der Verlauf später wieder leicht an.

Insgesamt spiegelte sich dieses Ergebnis in den Meinungen der Prozessbeteiligten wider, dennoch wurde kein weiterer Handlungsbedarf gesehen.

b) Nominalisierungen

Bei den Befragungen wurde von den Berichtsverfasserinnen bzw. Berichtsverfassern auch als positiv hervorgehoben, dass die bisher zahlreich verwendeten

249 Eigene Darstellung.

und häufig durch ungewöhnliche Partizipialattribute erweiterten Nomen mithilfe der Software „CLAT“ in den Prüfberichten deutlich besser vermieden werden konnten, Abb. 13-5 zeigt diese Entwicklung:

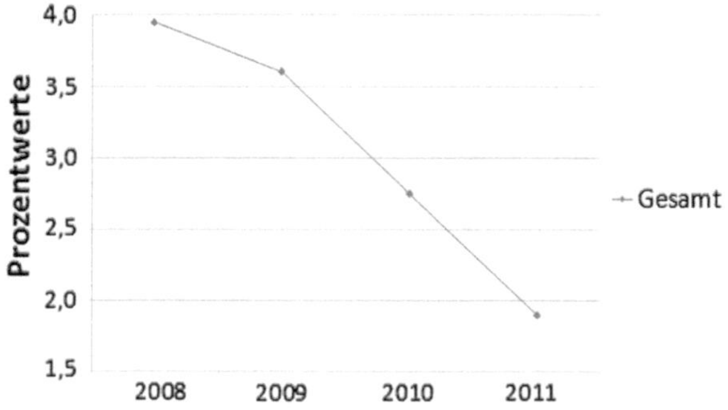

Abb. 13-5: Entwicklung - Zu viele Nominalisierungen vermeiden.[250]

Damit werden nach Ansicht der am Berichtsprozess beteiligten Personen Verständnisprobleme in den Prüfberichten vermieden, die ansonsten bei den Berichtsadressatinnen bzw. Berichtsadressaten vermehrt zu Nachfragen führen könnten.

c) Satzellipsen

Ebenfalls als sehr positiv wurde von den Berichtsverfasserinnen bzw. Berichtsverfassern die Hilfestellung durch die Software „CLAT“ bei der Vermeidung von verblosen, telegrammstilartigen Konstruktionen gesehen, wie Abb. 13-6 zeigt:

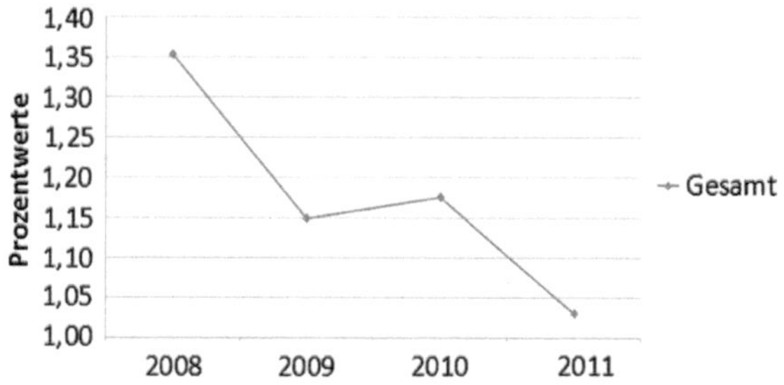

Abb. 13-6: Entwicklung von verblosen Konstruktionen.[251]

250 Eigene Darstellung.
251 Eigene Darstellung.

Bei Verwendung solcher Satzgefüge kann nach übereinstimmender Ansicht die Informationsweitergabe und die Verständlichkeit in den Prüfberichten eingeschränkt werden, was mit der elektronischen Unterstützungshilfe leicht zu vermeiden war.

Ähnliches sollte auch bei zu weit auseinander liegenden Verbteilen und bei der Komposita-Zerlegung der Fall sein.

d) Verbteile annähern

Bei der Analyse des Indikators und auch der Befragungen der Prüfgruppenleitungen konnte eine positive Berücksichtigung dieser Vorgaben gem. Abb. 13-7 durch die Verfasserinnen bzw. Verfasser der Prüfberichte festgestellt werden:

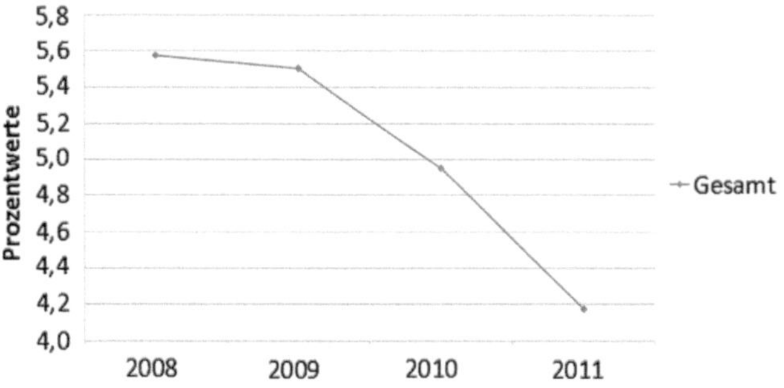

Abb. 13-7: Entwicklung der Distanz zwischen Verbteilen verkürzen.[252]

Damit konnte durch die Einbeziehung und Verringerung der Distanz zwischen den Verbteilen die Verständlichkeit der Prüfberichte nach den Vorgaben der Führungsebene erhöht werden.

e) Komposita-Zerlegung

Die Einzelbefragungen der Berichtsverfasserinnen bzw. Berichtsverfasser zu diesem Indikator ergaben zusammengefasst, dass „die Beschreibungen einer hochkomplexen Materie, wie sie in den Prüfberichten vorkommen, durch ein- bzw. maximal dreigliedrige Komposita zu vereinfacht werden" (s. anhand des gemessenen Indikators in Abb. 13-8):

252 Eigene Darstellung.

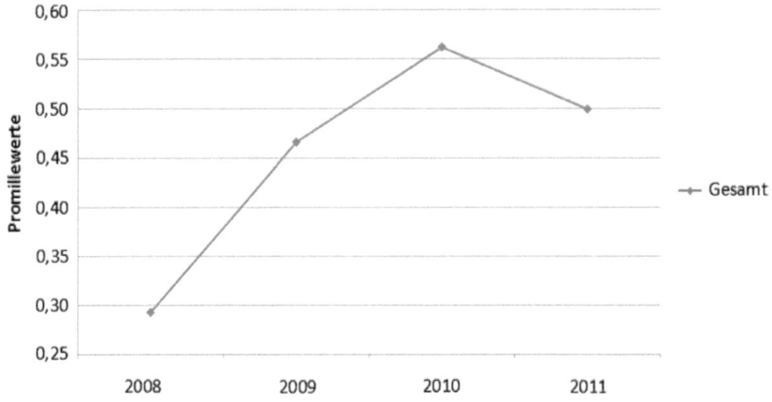

Abb. 13-8: Entwicklung von zu langen Komposita (maximal drei Glieder).[253]

Aus Sicht der Berichtsverfasserinnen bzw. Berichtsverfasser trägt der Versuch, sich einer vereinfachten Sprache zu bedienen, wie z.B. durch die Vermeidung von Fachausdrücken oder die Bevorzugung von Bindestrichen in mehrgliedrige Komposita, kaum zu einer besseren Verständlichkeit der Prüfberichte bei. Dies vor allem vor dem Hintergrund, dass Prüfberichte notwendigerweise immer noch eine große Zahl verwaltungstypischer Formulierungen beinhalten, bei denen sich das Verständnis der mitunter recht komplizierten Zusammenhänge oft nur durch die Verwendung von fachspezifischen mehrgliedrigen Komposita herstellen lässt.

Dennoch war diese Entwicklung ab dem Geschäftsjahr 2010 (s. dazu Abb. 13-9) wieder etwas rückläufig.

Zusammenfassung

Im Rahmen der Befragung wurde auch oft argumentiert, dass Zitierungen von Gesetzen und häufige Bildung von Passivkonstruktionen in kurzen Einzelsätzen zu einer erschwerten Lesbarkeit bzw. Verständlichkeit in den Prüfberichten beitragen.

Auch entsteht im laufenden Textfluss eine überaus starke Behinderung des Textverständnisses insbesondere für eine rechtlich nicht vorgebildete Leserin bzw. einen rechtlich nicht vorgebildeten Leser durch die Einbindung von Gesetzes- und Paragrafenverweisen mit den darin enthaltenen Abkürzungen.

Es besteht jedoch der Wunsch der am Berichtsprozess Beteiligten einen Kompromiss zu erzielen und mit Unterstützung der Software „CLAT" eine

253 Eigene Darstellung.

Verringerung von verschachtelten Sätzen anstelle der Anhäufung von Einzelsätzen zu erreichen. Auch bei der Vermeidung von vielgliedrigen Komposita soll ziel- und wirkungsorientiert vorgegangen werden.

Einheitlicher sind die Reaktionen der Berichtsverfasserinnen bzw. Berichtsverfasser hinsichtlich Orthografie, welche mit der elektronischen Hilfe „CLAT“ verwaltet werden.

13.2.3 Orthografie

Die Berichtsverfasserinnen bzw. Berichtsverfasser sehen die Reduktion von unbekannten Termini in den Prüfberichten bzw. die Vergrößerung des Wortschatzes an fachspezifischen Wörtern in der Software „CLAT“ sehr positiv.

Die Auswertung des diesbezüglichen Indikators zeigt deutlich das Mitwirken der Berichtsverfasserinnen bzw. Berichtsverfasser, obwohl es zu Beginn der Einführung der Unterstützungshilfe zunächst zu einem Ansteigen der Erkennung von unbekannten Termini kam, s. dazu Abb. 13-9:

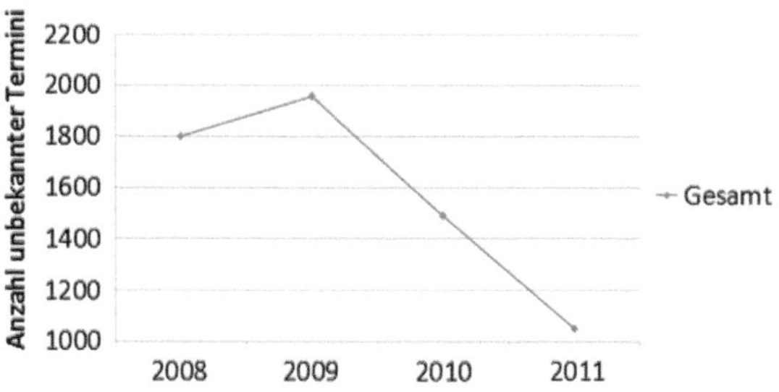

Abb. 13-9: Entwicklung unbekannter Termini.[254]

Die Erklärung hierfür ist, dass der Wortschatz an verwaltungsspezifischen Termini bzw. hinterlegten Abkürzungen in der Software „CLAT“ soweit vergrößert werden musste, bis ein Nutzen für die Orthografie erzielt werden konnte.

13.2.4 Grammatik - Falschschreibung von „dass“

Die falsche „dass“-Schreibung konnte nahezu vollständig reduziert werden. Dies schlug sich auch in der höchst positiven Beurteilung dieses Indikators im Rahmen der Befragung der Berichtsverfasserinnen bzw. Berichtsverfasser nieder, wie in Abb. 13-10 deutlich unterstrichen wird:

254 Eigene Darstellung.

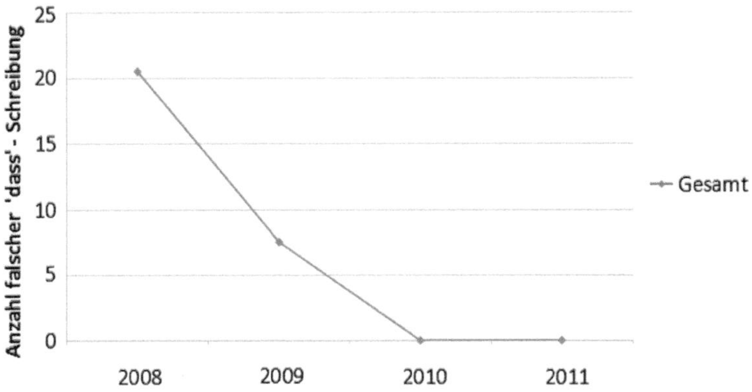

Abb. 13-10: Entwicklung - Schreibung von „dass“ überprüfen.[255]

Von besonderem Interesse sind weiters die Reaktionen auf den Indikator der bisweilen bei den Berichtsverfasserinnen bzw. Berichtsverfassern umstrittenen Anwendung der Gendervorgaben.

13.2.5 Genderkontrolle

Die Genderkontrolle der Software „CLAT“ fordert deutlich auf, dass die bezeichnende Person in den Prüfberichten eindeutig benannt werden soll.

Wie andererseits in Abb. 13-11 dargestellt:

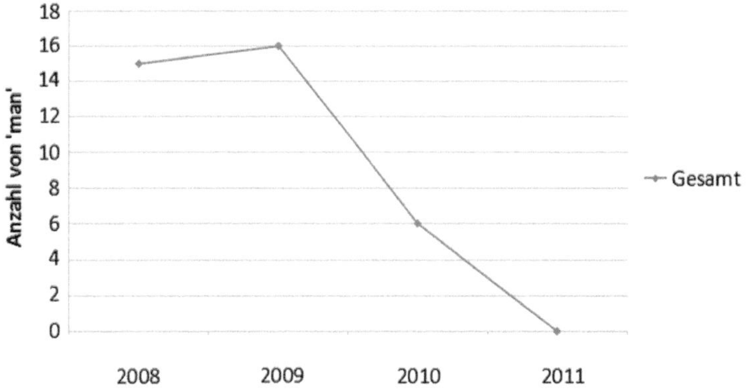

Abb. 13-11: Entwicklung - Schreibung von „man“ vermeiden.[256]

255 Eigene Darstellung.

256 Eigene Darstellung.

Im Rahmen der Befragung wurden die diesbezüglichen Vorgaben zwar infrage gestellt und angeregt, „Gendergerechte Formulierung" zugunsten einer wieder besseren Lesbarkeit aufzugeben. Mittlerweile entwickelte sich der Indikator stetig nach unten, also in Richtung Verbesserung im Sinne der Vorgaben. Eine ähnliche Entwicklung ist auch bei den Indikatoren der Stilkontrolle zu erkennen.

13.2.6 Stilkontrolle

Die Reaktionen auf die diesbezüglichen Stilvorgaben der Führungsebene waren mitunter zwiespältig, da diese nach Meinung der Berichtsverfasserinnen bzw. Berichtsverfasser den Schreibstil einengen, wie auch die Abb. 13-12 zeigt:

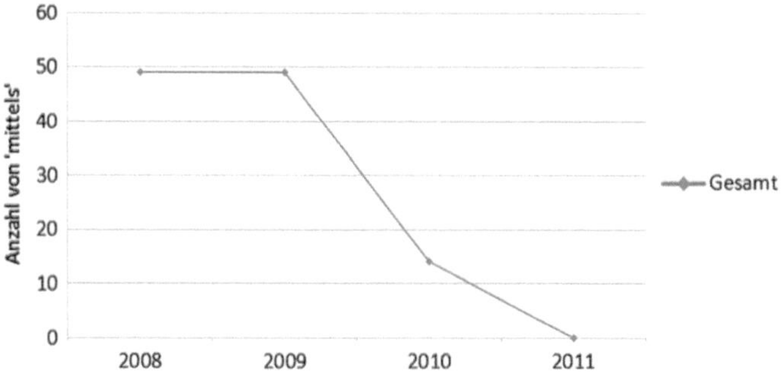

Abb. 13-12: Entwicklung - „mittels" vermeiden.[257]

und Abb. 13-13 dokumentieren.

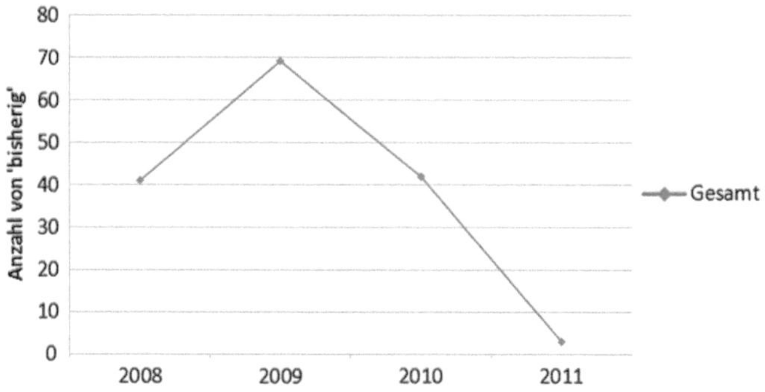

Abb. 13-13: Entwicklung - „bisherig" vermeiden.[258]

257 Eigene Darstellung.
258 Eigene Darstellung.

13.2.7 Fazit

Die oben beschriebenen Auswertungen zeigen, dass auf Ebene der Berichtsverfasserinnen bzw. Berichtsverfasser zur Erreichung der gewünschten Qualität der Prüfberichte eine größtmögliche Akzeptanz der Vorgaben erforderlich ist. Dabei dienen Motivation und Qualifikation sowie entsprechende Zusammenarbeit im Team als fördernde Bausteine zur Erreichung der notwendigen und erwünschten Qualitätsansprüche.

Vor diesem Hintergrund wurden die Berichtsverfasserinnen bzw. Berichtsverfasser beider Gruppen in Bezug auf die praktische Anwendbarkeit und die praktischen Unterstützungsmöglichkeiten der Software „CLAT" bei der Prüfberichtserstellung anhand eines schriftlichen Interviews befragt und anonymisiert ausgewertet.

Die angewendete Methode und deren Auswertung werden im nächsten Abschnitt beschrieben.

14. Evaluierung des Einsatzes der Software „CLAT“

Für diesen Teil der Arbeit wird der Einsatz von Sprachtechnologie mit der Software „CLAT“ auf der Ebene der Berichtsverfasserinnen bzw. Berichtsverfasser anhand von Interviews untersucht.

14.1 Methode der Untersuchung

Als Methode wurde eine Fragebogenauswertung gewählt, um den jeweiligen Zustimmungsgrad zu ermitteln. Mit diesem Vorgehen sollte eine hohe Bereitschaft und Mitarbeit bei allen Befragten in der Kontrolleinrichtung erzielt werden.[259]

Die einzelnen Frage- und Antwortmöglichkeiten, die in der Fachliteratur mit dem Begriff „Items“ beschrieben werden, sollten dafür präzise und leicht verständlich formuliert werden, sodass diese ohne zusätzliche Erklärungen von den Befragten beantwortet werden können.[260]

Bei der Erstellung der Items wurde daher besonderes Augenmerk auf die Formulierungen der Items gelegt. So wurden einseitig, subjektiv zu interpretierende Begriffe vermieden, sowie auf suggestive bzw. mehrdeutige Formulierungen der Items verzichtet.[261]

Der angefertigte Fragebogen wurde mit knapp gehaltenen und geschlossenen Items in repräsentativer Weise bestückt, dabei thematisch untergliedert, sodass mit einer entsprechenden Repräsentanz bzw. einer hohen Rücklaufquote bei den Berichtsverfasserinnen bzw. Berichtsverfassern zu rechnen war.[262]

Der Zustimmungsgrad der zu messenden Aussagen wurde auf Basis von summierten Beurteilungen anhand der Likert-Skala[263] ermittelt, wobei die Freiheitsgrade innerhalb vorgegebener Antwortmöglichkeiten bewertet werden mussten. Die daraus resultierenden Extrempunkte sind durch die geometrische Fläche „++“ über „+“, „±“, „–“ bis „––“, zueinander abgegrenzt, wie Abb. 14-1 zeigt:

---

259 Vgl. Friedrichs 1980, S. 208.
260 Vgl. Mayer 2013, S. 91.
261 Vgl. Kallus 2010, S. 11.
262 Vgl. Friedrichs 1980, S. 238.
263 Vgl. Friedrichs 1980, S. 175.

I.	++[264]	+[265]	±[266]	–[267]	––[268]
Die Verwendung der Software „CLAT“ ist mir leicht gefallen.					

Abb. 14-1: Zustimmungsmessung einer Aussage auf Basis der Likert-Skala.[269]

Die untersuchten Merkmale bzw. gestellten Fragen mit den vorgesehenen Antwortmöglichkeiten sind durch die oben beschriebenen Werteeinheiten in dem Maße abgestuft worden, sodass diese eine sachliche und begründbare Skalendarstellung ermöglichen.[270]

Als Auswertemethode wurde dabei das Skalierungsmodell von Rensis Likert aus dem Jahr 1932 bei Fragebogenitems mit Antwortskalen von wenigen Abstufungen in dieser Arbeit gewählt, da sich im Gegensatz zur einfacheren „Ja“- bzw. „Nein“-Beantwortung eine Zustimmung zu einer Aussage mit vorher definierten Freiheitsgraden messen lässt.[271]

Von Nachteil ist bei dieser Methode jedoch der absente Nullpunkt bzw. das Fehlen des mittleren Skalenwertes, der sowohl als Mittelpunkt mit „teils-teils“ als auch als „keine Meinung“ auf der Basis von unterschiedlichen Kombinationen von Ablehnung bis Zustimmung interpretiert werden kann.[272]

Um dieses Manko auszugleichen, wurden die Items mit Bewertungen des mittleren Skalenwertes im Rahmen von Feedback-Gesprächen in Gruppen mit den Berichtsverfasserinnen bzw. Berichtsverfassern weiteren Untersuchungen zugeführt.

14.2 Fragethemen und Erstellung des Fragenbogens

Die Berichtsverfasserinnen bzw. Berichtsverfasser sollten die Funktionalität des elektronischen Werkzeuges „CLAT“, den damit verbundenen individuellen Aufwand und den persönlichen Lerneffekt in Bezug auf eine etwaige

264 ++…trifft vollständig zu.
265 +…trifft eher zu.
266 ±…kein Urteil.
267 –…trifft eher nicht zu.
268 ––…trifft überhaupt nicht zu.
269 Auszug aus dem erstellten Fragebogen zu dieser Arbeit.
270 Vgl. Porst, S. 79.
271 Vgl. Kallus, S. 73-74.
272 Vgl. Friedrichs 1980, S. 175-176.

Arbeitserleichterung beurteilen, sowie softwaretechnischen Erweiterungsbedarf und Mängel zur Umsetzung bzw. Reparatur äußern.

Vor dem Hintergrund von Alter, Dienstzeit, Gruppenzugehörigkeit der Berichtsverfasserinnen bzw. Berichtsverfasser wurde unter Zuhilfenahme der Fragebogenauswertung der Umgang mit den Fehlermeldungen und Korrekturanweisungen der Arbeitshilfe „CLAT“ abgefragt.

Der Fragebogen gliedert sich in sechs logisch aufbauende Abschnitte, nämlich Funktionalität, Aufwand, Lerneffekte, Identifikation, Fehlervermeidung und Soziografie. Diese wurden dabei im Wechselspiel von 28 offenen bzw. geschlossenen Fragen mit Antwortmöglichkeiten basierend auf der oben beschriebenen Likert-Skala abgebildet.

Die letztlich angewandten Items wurden mithilfe von Pretests an einer kleinen Gruppe von Berichtsverfasserinnen bzw. Berichtsverfassern in einem mehrstufigen Verfahren für den eigentlichen Fragebogen selektiert und adaptiert.

Damit wurde versucht, größtmögliche Eindeutigkeit und Vollständigkeit der Items für Analyse und Auswertung des Fragebogens zu schaffen.[273]

Zugunsten einer noch detaillierteren Darstellung wurden die ermittelten Umfrageergebnisse mit den Merkmalen Alter, Dienstzeit und Gruppenzugehörigkeit zueinander korreliert und ausgewertet.

Die Feingliederung der Abfragethemen wurde innerhalb der positiven und negativen Zustimmungsmöglichkeiten als Einteilung von Merkmalswerten zusammengefasst, wobei die Angaben der Berichtsverfasserinnen bzw. Berichtsverfasser aus den Bereichen „++“ für „trifft vollständig zu“ und „+“ für „trifft eher zu“ bzw. „-“ für „trifft eher nicht zu“ und „--“ für „trifft überhaupt nicht zu“ jeweils aggregiert wurden.

Der komplette Fragebogen und das dazugehörige Begleitschreiben befinden sich im Anhang.

14.3 Prozedur sowie Teilnahme

Der Fragebogen wurde jeder Berichtsverfasserin bzw. jedem Berichtsverfasser im Rahmen einer freiwilligen Teilnahme im Zuge einer schriftlichen Befragung im September 2013 zugestellt.[274]

Von den insgesamt 73 ausgegebenen Fragebögen wurden 41 Stück retourniert, dies entsprach insgesamt einer Teilnahme an der Befragung von rd. 53,2 %.

---

273 Vgl. Mayer 2013, S. 99.

274 Vgl. Porst 2011, S. 127.

Die Beteiligung der Berichtsverfasserinnen bzw. Berichtsverfasser der Gruppe A belief sich dabei auf rd. 47,8 %, jene der Gruppe B lag bei rd. 70,4 %.

Die Gründe der niedrigen Beteiligung wurden anhand von Feedback-Gesprächen aufgearbeitet und werden im Abschnitt 14.6 dieser Arbeit diskutiert.

14.4 Ergebnisse der Auswertungen der Fragebögen

Die Auswertungen der Befragung wird im Folgenden als Auszug mit Vergleich beider Gruppen zueinander sowie einer soziografischen Betrachtungsweise vorgestellt, wobei sich die Gesamtdarstellung im Anhang befindet.

14.4.1 Soziografische Darstellung

Aus den soziografischen Angaben der Berichtsverfasserinnen bzw. Berichtsverfasser wird ersichtlich, dass die Altersverteilung in beiden Gruppen der Kontrolleinrichtung nahezu gleich ist, wie nachfolgende Abb. 14-2 nach Auswertung der Fragebögen veranschaulicht:

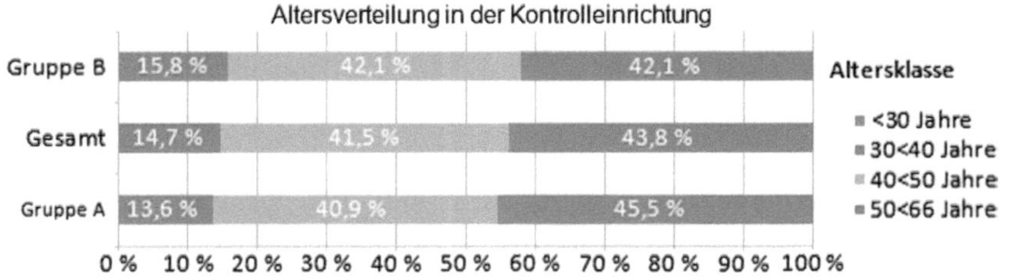

Abb. 14-2: Soziografische Darstellung.[275]

Obige Darstellung zeigt ferner als Ergebnis, dass rd. 85,3 % aller Beteiligten der Befragung über 40 Jahre alt sind.

In welchem Maß die älteren Berichtsverfasserinnen bzw. Berichtsverfasser die größte Kritik bzgl. der Betriebseinführung und der Software „CLAT" äußerten, werden die folgenden Auswertungen der Items zeigen.

14.4.2 Ergebnisse zur Funktionalität

Item „F3 - Unmittelbar nach meiner ersten Anwendung der Software ‚CLAT' hatte ich Probleme, diese Applikation bei meiner Prüfberichtserstellung anzuwenden"

275 Auswertung aus der Umfrage zu dieser Arbeit.

mit der Korrelation auf das Merkmal Altersklasse zeigt gem. Abb. 14-3 folgendes Ergebnis.

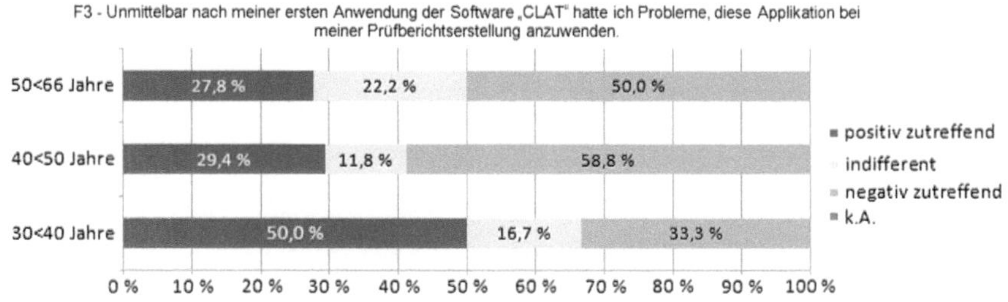

Abb. 14-3: Item F3 mit Korrelation auf Altersklasse.[276]

Diese Auswertung zeigt als Ergebnis zu der These aus Abschnitt 14.4.1, dass die Gruppe der über 50-jährigen Berichtsverfasserinnen bzw. Berichtsverfasser im Gegensatz zur jüngsten Gruppe von Berichtsverfasserinnen bzw. Berichtsverfassern, nämlich den 30- bis 40-Jährigen, in der Einführungsphase signifikant weniger Probleme mit der persönlichen Anwendung und dem Gebrauch der Software „CLAT“ hatten.

Zur Absicherung dieser Aussage wurde zum Thema Funktionalität das Item[277] analysiert und in folgender Abb. 14-4 dargestellt:

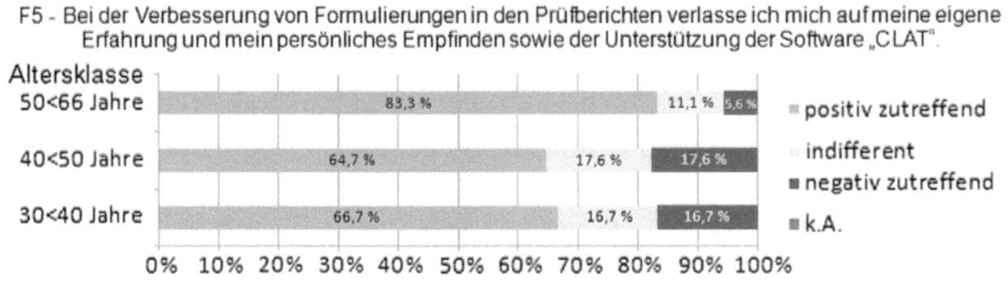

Abb. 14-4: Item F5 mit Korrelation auf Altersklasse.[278]

Dabei ergibt die Korrelation zu der Altersklasse bei den über 50-Jährigen ein ähnliches Ergebnis: „Nämlich 83,3 % Zustimmung zu dem oben genannten Item.“

276 Auswertung aus der Umfrage zu dieser Arbeit.

277 F5 - Bei der Verbesserung von Formulierungen in den Prüfberichten verlasse ich mich auf meine eigene Erfahrung und mein persönliches Empfinden sowie der Unterstützung der Software „CLAT“.

278 Auswertung aus der Umfrage zu dieser Arbeit.

Auch die Korrelation zwischen Item zu Gruppe zeigt als Ergebnis der Analyse, dass in der Gruppe B rd. 84,2 % Zustimmung für das Item vorliegt.

Das Ergebnis der Gruppe A ermittelt jedoch nur rd. 63,6 % Zustimmung, wie Abb. 14.5 bestätigt:

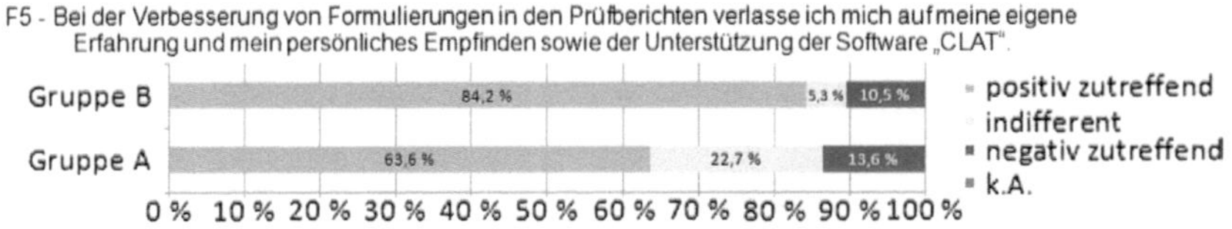

Abb. 14-5: Item F5 mit Korrelation zu Gruppe.[279]

22,7 % indifferente Angaben in der Gruppe A geben Anlass, diese Bewertung der Berichtsverfasserinnen bzw. Berichtsverfasser näher zu hinterfragen.

Diesbezüglich wurden Feedback-Gespräche mit Berichtsverfasserinnen bzw. Berichtsverfassern der Gruppen geführt und die Beweggründe zu indifferenten Angaben diskutiert und analysiert.

Die Ergebnisse dieser Diskussionen befinden sich in Abschnitt 14.5.

14.4.3 Aufwand

Für die Messung des eingesetzten Aufwandes, für den Einsatz und die Anwendbarkeit der Software „CLAT" in der Kontrolleinrichtung wurde exemplarisch das Item „A3 - Der Nutzen den ich mit der Software ‚CLAT' erziele, steht in einem angemessenen Verhältnis zu meinem Prüfaufwand bzw. zur Prüfberichtserstellung" gewählt und in Korrelation mit der Altersklasse der Berichtsverfasserinnen bzw. Berichtsverfasser ausgewertet, wie Abb. 14-6 zeigt:

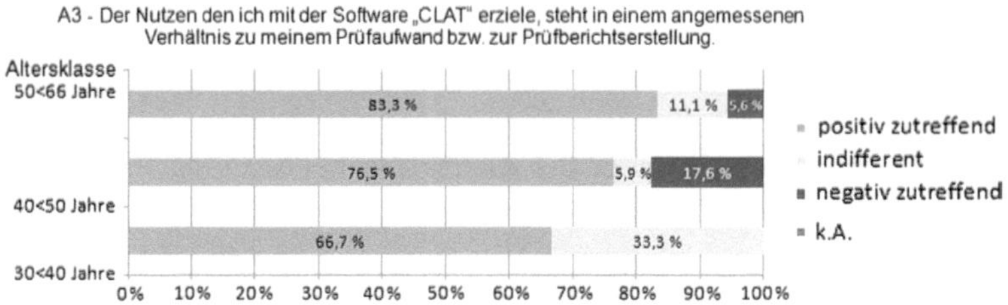

Abb. 14-6: Item A3 mit Korrelation auf Altersklasse.[280]

---

279 Auswertung aus der Umfrage zu dieser Arbeit.

280 Auswertung aus der Umfrage zu dieser Arbeit.

In den Gruppen der Altersklassen der 40- bis 50-jährigen sowie 50- bis 66-jährigen Berichtsverfasserinnen bzw. Berichtsverfasser konnte ein Zustimmungsgrad von rd. 76,5 % bzw. rd. 83,3 % gegenüber rd. 66,7 % bei der Gruppe der 30- bis 40-jährigen Berichtsverfasserinnen bzw. Berichtsverfasser gemessen werden.

Ein vergleichbares Resultat zeigt die Korrelation auf Gruppenebene mit einer Zustimmungsquote von rd. 84,2 % in der Gruppe B bzw. rd. 72,8 % in der Gruppe A, wie in Abb. 14-7 dargelegt:

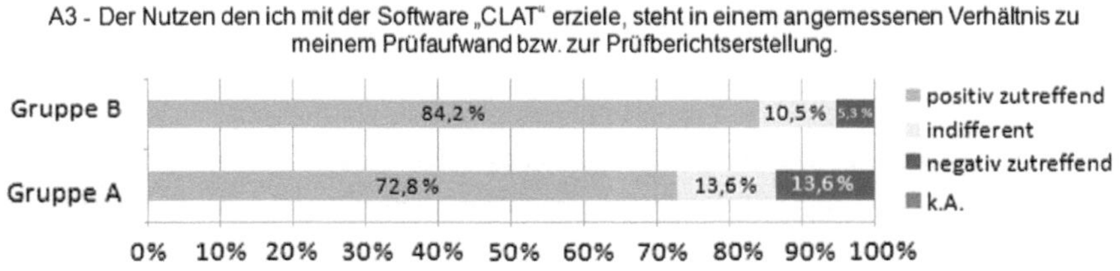

Abb. 14-7: Item A3 mit Korrelation zu Gruppe.[281]

Als Referenz und Sicherung obiger Ergebnisse wurde das Item „A4 - Nach erfolgter Prüfung mit der Software ‚CLAT' kann ich meine Prüfberichte ohne Bedenken vorlegen, da sie nahezu fehlerfrei in Bezug auf Rechtschreibung-, Grammatik- und Genderprüfung sind" zur Auswertung gebracht und analysiert, wie mit Abb. 14-8 sichtbar gemacht wird:

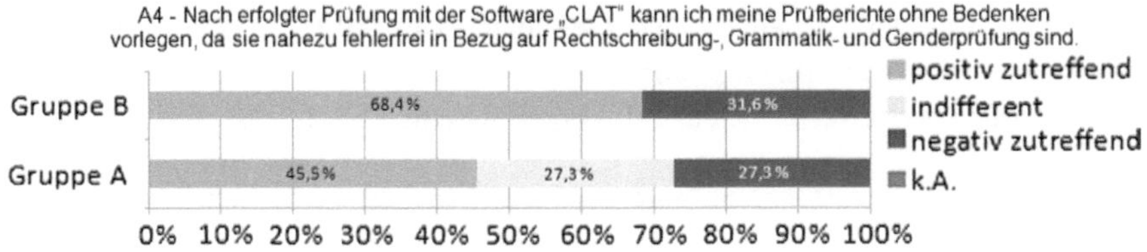

Abb. 14-8: Item A4 mit Korrelation zu Gruppe.[282]

Auf Gruppenebene sind hier über zwei Drittel der Berichtsverfasserinnen bzw. Berichtsverfasser der Gruppe B der Auffassung, dass obige Aussage zutrifft. Bei der Gruppe A sind es nur rd. 45,5 %, wobei rd. 27,3 % der Fragestellung indifferent gegenüberstehen.

281 Auswertung aus der Umfrage zu dieser Arbeit.

282 Auswertung aus der Umfrage zu dieser Arbeit.

Die Korrelation zwischen Item und Altersklasse ergibt folgendes Ergebnis wie Abb. 14-9 zeigt:

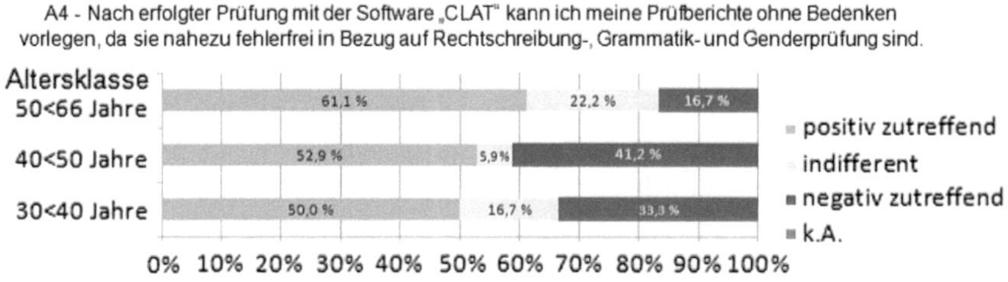

Abb. 14-9: Item A4 mit Korrelation auf Altersklasse.[283]

Mit rd. 61,5 % Zustimmung liegt die Gruppe der 50- bis 66-jährigen Berichtsverfasserinnen bzw. Berichtsverfasser gegenüber den jüngeren Altersklassen im Durchschnitt um rd. 9,6 % voran, wobei jedoch die älteste Altersklasse, nämlich rd. 22,2 % der Befragten, eine indifferente Haltung gegenüber diesem Item ausüben.

Auch hier sei angemerkt, dass die Ergebnisse der Feedback-Gespräche in Bezug auf die indifferenten Angaben der Berichtsverfasserinnen bzw. Berichtsverfasser in Abschnitt 14.5 diskutiert werden.

14.4.4 Lerneffekte

Die Ermittlung der Lerneffekte erfolgte zunächst mithilfe der Auswertung des Items „L1 - Die Änderungsvorschläge der Software ‚CLAT' helfen mir, meinen Schreibstil zu verbessern" - s. dazu die Ergebnisse in Abb. 14-10:

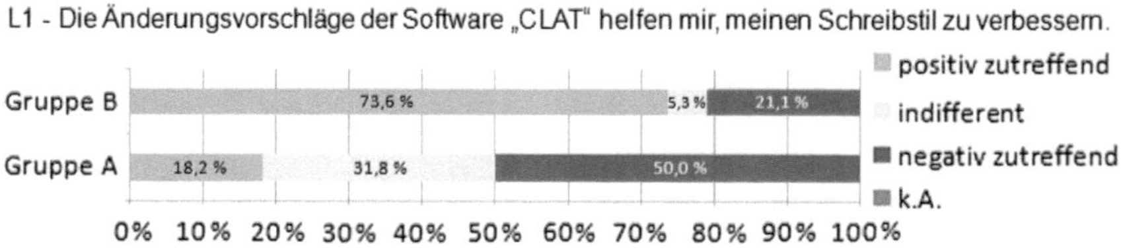

Abb. 14-10: Item L1 mit Korrelation zu Gruppe.[284]

283 Auswertung aus der Umfrage zu dieser Arbeit.

284 Auswertung aus der Umfrage zu dieser Arbeit.

Das obige Item spiegelt wider, dass der größte Mehrwert bzw. Nutzen mit rd. 73,6 % Zustimmung bei der Gruppe B erreicht wird.

Von Interesse ist es auch festzuhalten, dass in der Gruppe A der Wert der indifferenten Angaben auf rd. 31,8 % angestiegen ist, jener der Gruppe B jedoch auf nur rd. 5,3 %.

Das Item „L2 - Die Software ‚CLAT' gibt mir ein Gefühl, dass ich verstärkt kurze und prägnante Formulierungen in meinen Prüfberichten verwende" zeigt ein Fortschreiten dieser Entwicklung mit folgendem Ergebnis in Abb. 14-11:

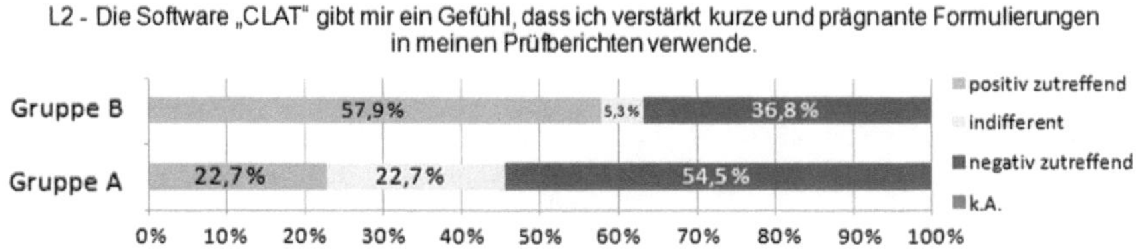

Abb. 14-11: Item L2 mit Korrelation zu Gruppe.[285]

Auch hier liegt der Maximalwert an Zustimmung bei rd. 57,9 % in der Gruppe B, der sich mit Item „L4 - Desto öfter ich die Software ‚CLAT' verwende, umso weniger Fehlermeldungen erhalte ich in meinen Prüfberichten" ähnlich darstellt, wie Abb. 14-12 zeigt:

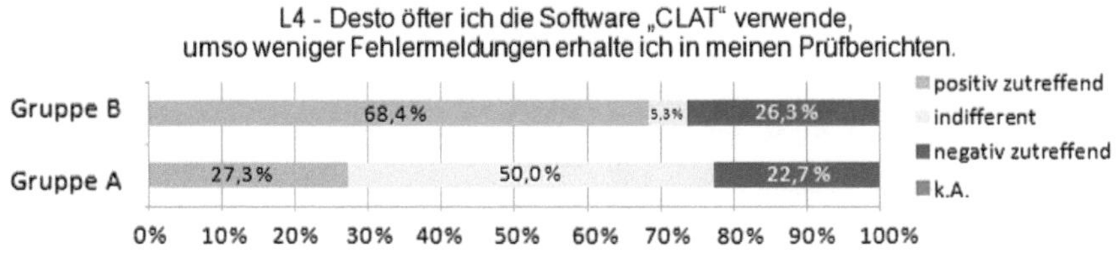

Abb. 14-12: Item L4 mit Korrelation zu Gruppe.[286]

Die vorgestellten Analysen der Items in diesem Abschnitt zeigen, dass der größte Lerneffekt stets in der Gruppe B erreicht werden konnte, obwohl eine hohe Anzahl von indifferenten Angaben vorliegen, die in Abschnitt 14.5 aufgearbeitet werden.

285 Auswertung aus der Umfrage zu dieser Arbeit.

286 Auswertung aus der Umfrage zu dieser Arbeit.

14.4.5 Identifikation

Mit dem Item „I7 - Der in gleicher Art und Weise aufgebaute Schreibstil, der mir durch die Software ‚CLAT' vorgegeben wird, finde ich für die Erstellung der Prüfberichte als unnötig" soll beispielhaft der Zustimmungsgrad zur Identifikation mit dem Einsatz der Software „CLAT" bei den Berichtsverfasserinnen bzw. Berichtsverfassern gemessen werden.

Dies sehen rd. 73,7 % der Berichtsverfasserinnen bzw. Berichtsverfasser der Gruppe B. In der Gruppe A jedoch nur rd. 50 %, wie folgende Abb. 14-13 zeigt:

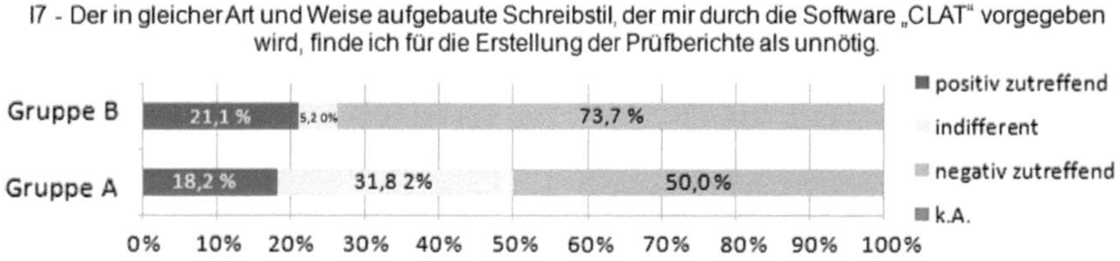

Abb. 14-13: Item I7 mit Korrelation zu Gruppe.[287]

Beachtenswert ist auch das Ergebnis von Item: „I6 - Ich vertrete gegenüber meinen Kolleginnen bzw. Kollegen eine positive Meinung über die Software ‚CLAT'" - s. hierfür Abb. 14-14:

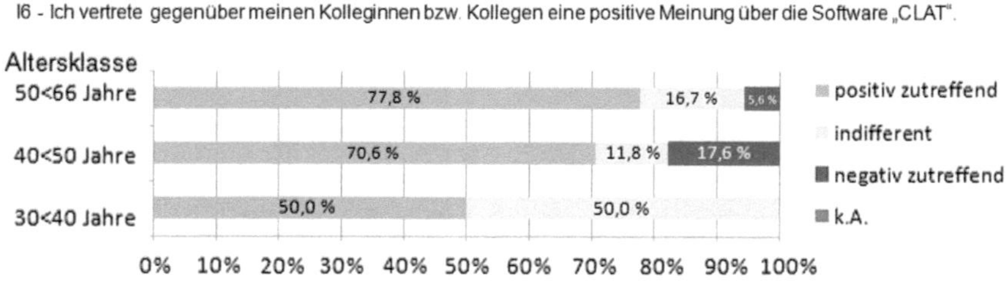

Abb. 14-14: Item I6 mit Korrelation auf Altersklasse.[288]

Die beiden ältesten Gruppen der Berichtsverfasserinnen bzw. Berichtsverfasser der Kontrolleinrichtung stehen diesem Item signifikant positiv gegenüber.

Zusammenfassend ist für diesen Abschnitt festzuhalten, dass mithilfe der vorgestellten Items erkennbar gemacht wird, dass sowohl die Gruppe B als auch die

287 Auswertung aus der Umfrage zu dieser Arbeit.

288 Auswertung aus der Umfrage zu dieser Arbeit.

Gruppe der 50- bis 66-jährigen Prüferinnen bzw. Prüfer eine sehr hohe positive Identifikation mit der Software „CLAT“ durch ihre Angaben zu erkennen gibt.

14.4.6 Fehlermeldungen

Zunächst zeigt die Abb. 14-15 die Korrelation zwischen Gruppe und Item „E2 - Die Fehlermeldungen der Software ‚CLAT‘ lese ich sorgfältig durch, bevor ich entsprechende Veränderungen vornehme“.

Zu diesem Thema werden die Korrekturanweisungen der Software „CLAT“ und die Reaktionen bei den Berichtsverfasserinnen bzw. Berichtsverfassern ausgewertet und in den Abb. 14-15 bis 14-18 dargestellt:

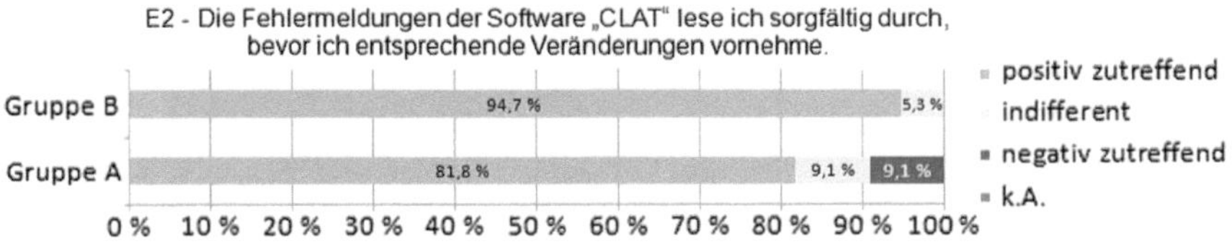

Abb. 14-15: Item E2 mit Korrelation zu Gruppe.[289]

Die Korrelation zwischen Item E2[290] mit den Altersgruppen der Berichtsverfasserinnen bzw. Berichtsverfasser zeigt in Abb. 14-16 folgendes Ergebnis:

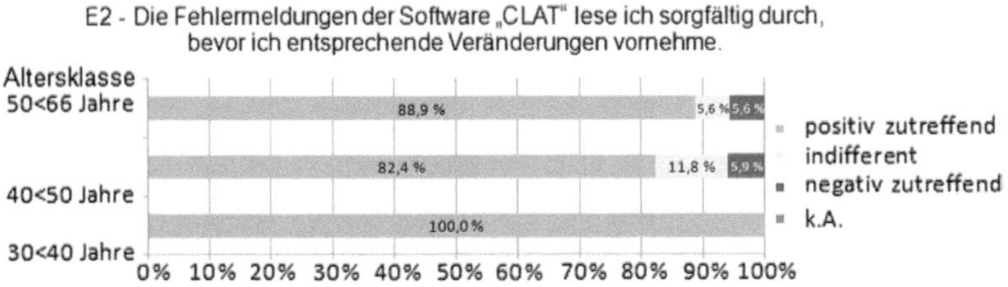

Abb. 14-16: Item E2 mit Korrelation auf Altersklasse.[291]

Die Korrelation zwischen Altersklasse und Item „E7 - Die Darstellungsform der Fehlermeldungen und die Korrekturmöglichkeiten der Software ‚CLAT‘ finde ich einfach und übersichtlich“ sieht Abb. 14-17 vor:

289 Auswertung aus der Umfrage zu dieser Arbeit.

290 E2 - Die Fehlermeldungen der Software „CLAT“ lese ich sorgfältig durch, bevor ich entsprechende Veränderungen vornehme.

291 Auswertung aus der Umfrage zu dieser Arbeit.

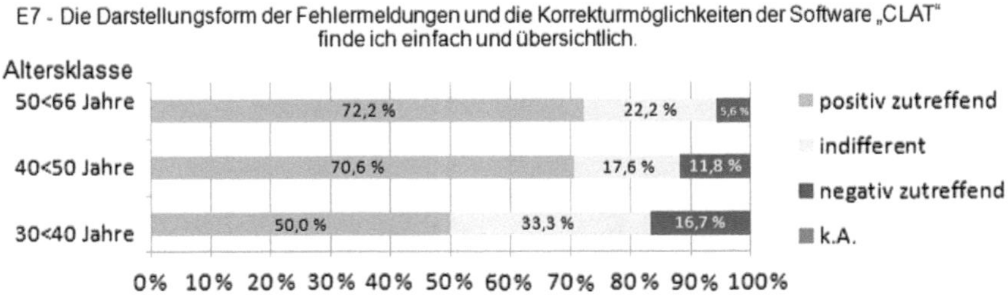

Abb. 14-17: Item E7 mit Korrelation auf Altersklasse.[292]

Die Korrelation zwischen Item E7[293] und den Gruppen stellt Abb. 14-18 dar:

Abb. 14-18: Item E7 mit Korrelation zu Gruppe.[294]

Wie die abgebildeten Items darstellen, wird den generierten und ausgegebenen Fehlermeldungen der Software „CLAT" seitens der Berichtsverfasserinnen bzw. Berichtsverfasser eine hohe Aufmerksamkeit gewidmet.

Weitere indifferente Angaben der Berichtsverfasserinnen bzw. Berichtsverfasser - vor allem in den letzten beiden Items abgegeben - erforderten auch hier Feedback-Gespräche, die im nächsten Abschnitt behandelt werden.

14.5 Feedback-Gespräche

Zur Ermittlung der Beweggründe der Berichtsverfasserinnen bzw. Berichtsverfasser bei indifferenten Angaben in den Fragebögen wurde mit Feedback-Gesprächen versucht, innerhalb der Prüfgruppen dieses Verhalten zu analysieren und zu diskutieren.

---

292 Auswertung aus der Umfrage zu dieser Arbeit.

293 E7 - Die Darstellungsform der Fehlermeldungen und die Korrekturmöglichkeiten der Software „CLAT" finde ich einfach und übersichtlich.

294 Auswertung aus der Umfrage zu dieser Arbeit.

14.5.1 Zusammenfassung Gruppe B

Bei dieser Gruppe wurde die Software „CLAT“ als Hilfestellung gesehen. Dieses Werkzeug wirkt der Beseitigung von sprachlichen Fehlern und Inkonsistenzen entgegen, die sich im Alltag und dem spezifischen Gebrauch einschleusen.

Auch die Anwendbarkeit und Einfachheit des Werkzeuges „CLAT“, womit eine rasche Korrektur und sprachliche Optimierung der Prüfberichte erreicht werden konnte, verstärkt dadurch den Mehrwert gegenüber dem damit verbundenen Aufwand zu setzender Handlungen, bestätigten die Berichtsverfasserinnen bzw. Berichtsverfasser dieser Gruppe.

Dabei hilft die Standardisierung, d.h. die Verwendung des gleichen und wiederholenden Begriffsgebrauchs, eine bessere Verständlichkeit und Lesbarkeit der technischen Prüfberichte zu erreichen.[295]

Die Berichtsverfasserinnen bzw. Berichtsverfasser würdigten die Möglichkeit, dass verwaltungstypische und technische Formulierungen wie Phrasen bzw. Wörter und Wortgruppen jederzeit in den Wortschatz der Software „CLAT“ als Terminologie-Erweiterung aufgenommen werden können.

Als Ergebnis der Diskussionen kann für die Gruppe B festgehalten werden, dass einzelne Berichtsverfasserinnen bzw. Berichtsverfasser anmerkten, ihre ursprüngliche indifferente Meinung in positive Bewertungen revidieren zu wollen.

14.5.2 Zusammenfassung Gruppe A

Bei dieser Gruppe festigte sich in den Diskussionen die Anschauung der Berichtsverfasserinnen bzw. Berichtsverfasser, dass der Sprachgebrauch durch Vorgabe des Regelwerkes der Software „CLAT“ zu stark gegenüber einem vorher individuellen und persönlichen gelebten Schreibstil eingeschränkt worden ist.

Dies vor allem deshalb, weil die von der Software „CLAT“ vorgeschlagenen Satzlängen und Satzkonstruktionen den gewohnten Schreibstil den Berichtsverfasserinnen bzw. Berichtsverfassern widersprechen und als von „einer Maschine aufgedrängt“ empfunden werden.

Auch konnte beobachtet werden, dass durch die verbindliche Verwendung des DUDEN-Wörterbuches anstatt des Österreichischen Wörterbuches die österreichische Sprachvariante von der deutschen in den Hintergrund gedrängt wird, was am Beispiel der typischen österreichischen Fugenlaute erkennbar wurde. Diese werden von der Software „CLAT“ als Fehler aufgezeigt und wären bspw. Anlass für eine entsprechende Verbesserung.

---

295 Annahme, dass diese die positiven Angaben in den Fragebögen gesetzt haben.

Das Ergebnis der Diskussionen aus der Gruppe A bestand letztlich darin, dass die Berichtsverfasserinnen bzw. Berichtsverfasser ihre indifferent gesetzten Angaben in den Fragebögen aufrechterhielten.

14.5.3 Fazit

Als abschließender Befund der Feedback-Gespräche konnte im Zuge der Gespräche mit den Berichtsverfasserinnen bzw. Berichtsverfassern festgestellt werden, dass die Software „CLAT" im technischen Bereich[296] zur Normierung - gestützt auf die Auswertungen und Analysen der Fragebögen - einen wesentlich höheren Nutzen erzielte als im Bereich der Gebarung[297].

Besonders interessant war festzustellen, dass gerade die älteren Prüferinnen bzw. Prüfer (Summe der 40- bis 66-jährigen Prüferinnen bzw. Prüfer) die Vorzüge des elektronischen Werkzeuges erkannten und bei der Prüfberichtserstellung bereits mit dem Beginn der Einführung nutzten, wie die Analysen der Auswertungen im obigen Abschnitt deutlich zeigen.

14.6 Diskussion Beteiligung

Auf Basis der Rücklaufquote der Fragebögen wurde ermittelt, dass rd. 86,4 % der Berichtsverfasserinnen bzw. Berichtsverfasser aus der Gruppe B an der Umfrage teilnahmen und lediglich rd. 57,9 % aus der Gruppe A.

Die daraufhin durchgeführten Diskussionen mit den Berichtsverfasserinnen bzw. Berichtsverfassern zur Klärung der Ursache der niedrigen Teilnahmequote der Gruppe A ergaben, dass die Berichtsverfasserinnen bzw. Berichtsverfasser die Software „CLAT" bei der Prüfberichtserstellung nicht unmittelbar anwenden.

Dies deshalb, weil nach Abschluss der eigentlichen Prüfberichtserstellung durch die Berichtsverfasserinnen bzw. Berichtsverfasser der erstellte Text einer einmaligen Überprüfung mithilfe der Software „CLAT" vom Kanzleipersonal vorgenommen wird und die Berichtsverfasserinnen bzw. Berichtsverfasser nur teilweise an diesen Prozessschritten beteiligt sind.

Dabei werden zwar offensichtliche Rechtschreib-, Tipp- sowie Grammatik- und Genderfehler in einem Vorgang ausgebessert, die Stilregeln zur Verbesserung der Lesbarkeit und der Verständlichkeit der Prüfberichte sowie die Stilvorgaben kommen dabei allerdings nur bedingt zur Anwendung.

296 Gruppe B.

297 Gruppe A.

Erst in einem nächsten Schritt, nämlich bei der Redaktion der Prüfberichte durch die jeweilige Abteilungsleiterin bzw. den jeweiligen Abteilungsleiter, werden diese unter Zuhilfenahme der Software „CLAT“ nochmals überprüft.

Damit wird aus Sicht der Abteilungsleitungen gewährleistet, dass dem verantwortlichen Leiter der Kontrolleinrichtung möglichst fehlerfreie Prüfberichte für dessen abschließende Endredaktion vorgelegt werden.

15. Sicht der Führungsebene

Schwierigkeiten und höchste Konzentration beim Lesen langer Prüfberichte bzgl. im Hinblick auf an sich einfache Passagen erfordern die einheitliche Verwendung eines standardisierten Schreibstils der Prüfberichte.

Die Redaktion von unterschiedlichen Schreibstilen birgt naturgemäß große Problematiken in sich, die mit der Unterstützung der Software „CLAT" auf zu verwendende Abkürzungen und Titulierungen hintangehalten werden.

Der Schwerpunkt der Redaktion kann mehr auf Inhaltliches anstelle von „Regeln" gelegt werden, da neben der Grammatik und Rechtschreibung auch „Gendergerechte Formulierungen" bei der Erstellung von Dokumenten mit der Unterstützungshilfe überprüft werden.

Das Werkzeug „CLAT" soll hierfür als eine Arbeitserleichterung und Unterstützungshilfe dienen.

Das „Festhalten an Vorgaben" bzw. ein Verlust an Kreativität durch „Verlassen" auf die Software „CLAT" soll nicht vorherrschen, da letztlich die Anwenderinnen bzw. Anwender entscheiden, ob und wie eine angezeigte Fehlerstelle korrigiert wird. Daher sollen augenscheinliche Fehler oder nicht verständliche Korrekturanweisungen dem Wartungspersonal weiterhin gemeldet werden, um dieses Werkzeug weiterhin für den Einsatz in der Kontrolleinrichtung optimieren zu können.

Der notwendige Einsatz, die Serverbeschaffung, der technische Aufwand mit Wartung und Betrieb, wird jedoch von dem Nutzen und der insgesamt wertvollen Unterstützung der Software „CLAT" hinsichtlich der Endredaktion der Prüfberichte bei Weitem übertroffen.

16. Schlussansicht

Zusammenfassend haben die durchgeführten Untersuchungen ergeben, dass die elektronische Unterstützungshilfe in Form der Software „CLAT" in der Kontrolleinrichtung sowohl von den Berichtsverfasserinnen bzw. Berichtsverfassern als auch von der Führungsebene überwiegend positiv aufgenommen wurde.

Damit ist die Aussage zulässig, dass sich die Qualität der Prüfberichte durch den Einsatz der Software „CLAT" hinsichtlich ihrer Lesbarkeit und Verständlichkeit, ihrer Orthografie und Grammatik nach DUDEN sowie der Abkürzungs-, Gender- und Stilkontrolle auf Basis der Vorgaben der Führungsebene deutlich verbessert hat.

Vor diesem Hintergrund soll auch die Zeitersparnis bei der Fertigstellung bzw. Endredaktion der Prüfberichte erwähnt werden, die sowohl durch die elektronische Integration der Schreib- und Stilregeln der Kontrolleinrichtung als auch durch die erhöhte Motivation, möglichst fehlerfreie Prüfberichte zu verfassen, gefördert wurde.

Als weiterer positiver Effekt für eine nachhaltige Verwendung der Software „CLAT" zur Prüfberichtserstellung wurde von den Berichtsverfasserinnen bzw. Berichtsverfassern der Ersatz der in Papierform vorliegenden Richtlinien durch elektronische Warnungen und Hinweise gesehen.

Ebenso wurde als vorteilhaft empfunden, dass das tagesaktuelle Einpflegen fehlender Termini zu einer Vergrößerung des verwendeten Wortschatzes geführt hat.

Als verbesserungswürdig beurteilten die Berichtsverfasserinnen bzw. Berichtsverfasser beim Einsatz der Software „CLAT" den verwaltungssprachlichen Aspekt. Diesbezüglich sollten Optimierungen bei der Umsetzung der Lesbarkeits- und Verständlichkeitsprüfung vorgenommen werden, um die inhaltliche Orientierung in den Prüfberichten noch besser zu fördern bzw. zu erhöhen.

Trotzdem ist ein Großteil der am Entstehungsprozess der Prüfberichte beteiligten Personen der Kontrolleinrichtung inzwischen der Meinung, dass nach anfänglicher Skepsis im Zuge des Rollouts der Software „CLAT", diese nicht nur eine große Hilfe bei der Berichtserstellung darstellt, sondern auch wesentlich zur Weiterentwicklung des „linguistischen" Bewusstseins der verwendeten Verwaltungssprache in der Kontrolleinrichtung beigetragen hat und noch weiter beiträgt.

Das Ergebnis ist nicht zuletzt auch vor dem Hintergrund zu sehen, dass die Anschaffung und Weiterentwicklung der Software „CLAT“ aus Mitteln der öffentlichen Hand finanziert wurde bzw. wird, und insbesondere in einer öffentlichen Kontrolleinrichtung den Grundsätzen von Wirtschaftlichkeit und Zweckmäßigkeit entsprechen muss.

17. Bibliografie

Allefeld, H. (2010): Verständlich? Selbstverständlich! Wie Kommunen verständlich kommunizieren können. In: Amtsdeutsch a.D.? Europäische Wege zu einer modernen Verwaltungssprache. Fluck H.R. und Blaha M. (Hrsg.). Tübingen: Stauffenburg.

Althaus, H.P. (2003): Kleines Lexikon deutscher Wörter jiddischer Herkunft. München: Beck.

Atkinson, R.C.; Shiffrin R.M. (1971): The control processes of short-term memory. New York: Scientific American.

Bach, A. (1938): Geschichte der deutschen Sprache - Vom Anfang des 17. bis zum Beginn des 20. Jahrhunderts. Leipzig: Quelle & Meyer.

Back, O.; Benedikt E.; Blüml K. u.a. (1997): Österr. Wörterbuch. 38. Auflage. Wien: ÖBV Pädagogischer Verlag.

Ballod, M. (2001): Verständliche Wissenschaft - Ein informationsdidaktischer Beitrag zur Verständlichkeitsforschung. Tübingen: Narr.

Bamberger, R.; Vanecek E. (1984): Lesen-Verstehen-Lernen-Schreiben. Die Schwierigkeiten von Texten in deutscher Sprache. Frankfurt: Sauerländer.

Biere, B.U. (1991): Textverstehen und Textverständlichkeit. Heidelberg: Groos.

Blaha, M.; Wilhelm H. (2011): Verständlichkeit Sprache in Recht und Verwaltung. Herausforderung und Chancen. Frankfurt: Verwaltungswissenschaft.

Blüml, K., u.a. (1983): Bürgernaher Gesetzestext in Niederösterreich - Ein interdisziplinäres Projekt. Dokumentation. Bad Vöslau bei Baden.

Christmann, U. (2004): Verstehens- und Verständlichkeitsmessung - Methodische Ansätze in der Anwendungsforschung. In: Recht verstehen. Verständlichkeit, Missverständlichkeit u. Unverständlichkeit von Recht. Lerch K.D. (Hrsg.). Berlin: de Gruyter.

Dehaene, S. (2010): Lesen - Die größte Erfindung der Menschheit und was dabei in unseren Köpfen passiert. München: Knaus.

DUDEN (1903): Rechtschreibung der Buchdruckereien deutscher Sprache. 1. Auflage. Leipzig und Wien: Bibliographisches Institut.

DUDEN (1995): Duden-Grammatik: Die Satzbaupläne im Überblick. 5. Auflage. Mannheim: Duden.

DUDEN (2011): Deutsches Universalwörterbuch. 7. Auflage. Mannheim: Duden.

Ebner, J. (1988): Wörter und Wendungen des österreichischen Deutsch. In: Das österreichische Deutsch, Schriften zur deutschen Sprache in Österreich. Wiesinger P. (Hrsg.). Bd. 12. Wien: Böhlau.

Ebner, J. (2009): Duden - Wie sagt man in Österreich? 4. Auflage. Wien: Duden.

Eichhoff-Cyrus, K.M.; Strobel T. (2009): Einstellung der Justiz zur Rechts- und Verwaltungssprache. Eine Trendumfrage. In der Sprachendienst. Wiesbaden: Gesellschaft für deutsche Sprache e.V.

Farr, J.N.; Jenkins J.J.; Paterson D.G. (1951): Simplification of the Flesch Reading Ease Formula in Journal of Applied Psychology (Vol 35). New York: Johnson.

Fisch, R.M. (2006): Bürgernahe Verwaltungssprache. Jahresbericht 2006. Speyer: Deutsches Forschungsinstitut für öffentliche Verwaltung.

Fluck, H.R.; Blaha M. (2010): Im Verhinderungsfalle wird der Widerspruchsführer gebeten dies mitzuteilen. Geheimnisse des Amtsdeutschen. Breisgau: Herder.

Fussy, H. (2003): Auf Gut Österreichisch - Ein Wörterbuch der Alltagssprache. 1. Auflage. Wien: öbv & hpt.

Garcia, M.; Stark P. (1991): Eyeson the News. St. Petersburg (Florida): The Poynter Institute.

Haller, J. (2010): MULTIDOC - Authoring Aids for Multilingual Technical Documentation. www.iai-sb.de/docs/bcn.pdf (10. Juli 2010).

Hoerster, N. (2006): Was ist Recht? Grundfragen der Rechtsphilosophie. München: Beck.

Kallus, W.K. (2010): Erstellung von Fragebögen. Wien: facultas.wuv.

Klann-Delius, G. (2004): Sprache und Geschlecht. Stuttgart: Metzler.

Landmann, S. (1962): JIDDISCH - Das Abenteuer einer Sprache. Breisgau: Olten und Freiburg.

Langer, I.; von Thun F.S.; Tausch R. (1991): Sich verständlich ausdrücken. München: Reinhardt.

Lasswell, H.D.; Lerner D. (1952): The Comperative Study of Symbols. Stanford: Stanford University Press.

Lewi, H. (1875): Das österreichische Hochdeutsch. Versuch einer Darstellung seiner hervorstechendsten Fehler und fehlerhaften Eigenthümlichkeiten. Wien: Bermann und Altmann.

Linke, A.; Nussbaumer M; Protzmann P.R. (2004): Studienbuch Linguistik. 5. Auflage. Tübingen: Niemeyer.

Lippert, J. (2007): Zur Psychologie des Lesens - Definition und Ansätze. Norderstedt: Grin.

Maas, D. (1996): MPRO-Dokumentation. In Hausser R., Morpholympics-Dokumentation. Heidelberg: Springer.

Mayer, H.O. (2013): Interview und schriftliche Befragung - Grundlagen und Methoden der empirischen Sozialforschung. 6. Auflage. München: Oldenbourg.

Meyer (1905): Meyers Großes Konversations-Lexikon. 6. Auflage, Bd. 16. Leipzig und Wien: Bibliographisches Institut.

Morris, C. (1946): Signs, Language and Behavior. New York: Prentice-Hall.

Morris, C. (1971): Writings on the General Theory of Signs. The Hague & Paris: Mouton.

Muhr, R.; Schrodt R.; Wiesinger P. (1995): Österreichisches Deutsch, Linguistische, Sozialpsychologische und sprachpolitische Aspekte einer nationalen Variante des Deutschen. Wien: Hölder-Pichler-Tempsky.

Noack, C. (2000): Regularitäten der deutschen Orthografie und ihre Deregulierung. Eine computerbasierte diachrone Untersuchung zu ausgewählten

Sonderbereichen d. deutschen Rechtschreibung. Bd. 1, Osnabrück: Dissertation Universität Osnabrück, Fachbereich Sprach- und Literaturwissenschaft.

Pfeifer, O.; Strouhal E.; Wodak R. (1987): Recht auf Sprache - Verstehen und Verständlichkeit von Gesetzen. Wien: Orac.

Pilz, D.; Schubenz S. (1979): Schulversagen und Kindertherapie. Köln: Rahl-Rugenstein.

Pohl, H.D. (1998): Hochsprache und nationale Varietät: Sprachliche Aspekte. In: Sprache und Politik. verbal-Werkstattgespräche. Hrsg. Kettemann V.B., De-Cillia R. und Landsiedler I., Bd. 3. Frankfurt: Lang.

Porst, R. (2011): Fragebogen - Ein Arbeitsbuch. 3. Auflage. Wiesbaden: Springer VS.

Redaktion, Wien: Brüssel will jährlichen TÜV für ältere Autos. In: Die Kronenzeitung. Wien: 16. Juni 2012.

Saussure, F. (2001): Grundfragen der allgemeinen Sprachwissenschaft. Berlin: de Gruyter.

Schlink-Arnold, H.; Ronellenfitsch M. (1980): Methoden und Techniken geistiger Arbeit in der Verwaltung. Regensburg: Walhalla und Prätoria.

Schneider, W. (2001): Deutsch für Profis - Wege zu gutem Stil. Hamburg: Goldmann.

Schubert, W. (1978): Die Beratung des Bürgerlichen Gesetzbuches in systematischer Zusammenstellung der unveröffentlichten Quellen: Materialien zur Entstehungsgeschichte des BGB: Einführung, Biographien, Materialien. Berlin: de Gruyter.

SIGDOC'01 (2001): Proceedings of the 19th annual international conference on Computer documentation. New York: ACM. Stachel P. (2001): Ein Staat, der an einem Sprachfehler zu Grunde ging. Die „Vielsprachigkeit" des Habsburgerreiches und ihre Auswirkungen. In: Feichtinger J.; Stachel P. (Hrsg.). Das Gewebe der Kultur. Kulturwissenschaftliche Analysen zur Geschichte und Identität Österreichs in der Moderne. Innsbruck: Studienverlag.

Steinbach, J. (1984): Amtsformulare werden eingedeutscht. In: Die Presse. Wien: 18. Jänner 1984.

Telesko, W. (2006): Geschichtsraum Österreich: Die Habsburger und ihre Geschichte in der bildenden Kunst des 19. Jahrhunderts. Wien: Böhlau.

Tertschnig, S. (1987): Juristen reden immer unverständlicher. Massive Vorstöße zur Sprachentwirrung: Expertenkommissionen stehen dem österreichischen Amtsdeutsch aber hilflos gegenüber. In: Informationsdienst für Bildungspolitik und Forschung. Report 1071. Wien: 29. Mai 1987.

Topitsch, E. (1984): Sprachlogische Probleme der sozialwissenschaftlichen Theoriebildung. In: Payer P. (Hrsg.), Logik der Sozialwissenschaften. Königstein: Athenäum.

Trömel-Plötz, S. (1992): Vater Sprache Mutter Land - Beobachtungen zu Sprache und Politik. München: Frauenoffensive.

Trömel-Plötz, S. (2004): Gewalt durch Sprache - Die Vergewaltigung von Frauen in Gesprächen. Wien: Milena.

van der Eist, G.; Leiss E.; Naumann B. (1985): Syntaktische Analyse. Erlangen: Palm und Enkerlangen.

von Sonnenfels, J. (1784): Über den Geschäftsstil. Die ersten Grundlinien für angehende österreichische Kanzleybeamten. Wien: Kurzbek.

von Wurzbach, C. (1872): Biogr. Lexikon des Kaisertums Oesterreich. Bd. 23. Wien: ÖAW.

Wagner, H. (1970): Die deutsche Verwaltungssprache der Gegenwart. Eine Untersuchung der sprachlichen Sonderform und ihrer Leistung. Düsseldorf: Schwann.

Watzlawick, P.; Beavin J.H.; Jackson D.D. (1980): Menschliche Kommunikation: Formen, Störungen. Wien: Huber.

Weber, M. 1980 [1921]: Wirtschaft und Gesellschaft. Tübingen: Mohr.

Wiesinger, P. (1988): Die deutsche Sprache in Österreich. In: Das Österreichische Deutsch, Schriften zur deutschen Sprache in Österreich. Wien: Böhlau.

Wiesinger, P. (2006a): Die sprachlichen Verhältnisse und der Weg zur allgemeinen deutschen Schriftsprache in Österreich im 18. und frühen 19. Jahrhundert.

In: Das österreichische Deutsch in Gegenwart und Geschichte, Forschung und Wissenschaft. Literatur Bd. 2, LIT. Wien: Austria.

Wiesinger, P. (2006b): Die theoretischen Grundlagen der österreichischen Sprachreform des 18. Jahrhunderts. In: Das österreichische Deutsch in Gegenwart und Geschichte, Forschung und Wissenschaft, Literatur, Bd. 2, LIT. Wien: Austria.

Wiesinger, P. (2006c): Die Entwicklung der deutschen Schriftsprache vom 16. bis 18. Jahrhundert unter dem Einfluß der Konfessionen. In: Das österreichische Deutsch in Gegenwart und Geschichte, Forschung und Wissenschaft, Literatur Bd. 2, LIT. Wien: Austria.

Wodak, R. (2012): Wandel der deutschen Sprache: Eine textsortenbezogene Pilotstudie (1970 - 2010). Wien: APA.

Fachliteratur

BBB-Arbeitshandbuch, „Bürgernahe Verwaltungssprache" - Bürgernahe Verwaltungssprache, Bundesverwaltungsamt - Bundesstelle für Büroorganisation und Bürotechnik (BBB), 4. Auflage. Köln 2002.

Handbuch zu ZertiFAKT 1.2, IAI Saarbrücken, Saarbrücken 2010.

Qualitätsmanagement in der Internen Revision in IIR Revisionsstandard Nr. 3, Frankfurt am Main 2002.

Richtlinien der Staatlichen Finanzkontrolle für die Prüfungspraxis, ISSAI 300, INTOSAI Professional Standards Committee, General Secretariat - RECHNUNGSHOF, Prüfungsdokumentierung, Punkt 5.7.

Schulbuchaktion 2009/10. In: Schulbuchliste der Allgemein bildenden höheren Schulen, Unterstufe, Oberstufe des österreichischen Bundesministerium für Unterricht, Kunst und Kultur. Wien 2008.

Internetquellen

http://derstandard.at/1341526768613/Oesterreichisches-Woerterbuch-Bettelverbot-in-der-Rettungsgasse nachgesehen am 6. Juli 2012.

http://oe1.orf.at/artikel/308712 nachgesehen am 30. Juni.2012.

http://www.iai-sb.de/forschung/index.php?option=com_content&task=view&id=31&Itemid=46 nachgesehen im Frühjahr 2008.

http://www.iai-sb.de/iai/index.php/DUDEN-Korrektor.html nachgesehen im Frühjahr 2010.

https://www.intern.magwien.gv.at/gendermainstreaming/pdf/genderhandbuch.pdf nachgesehen im Frühjahr 2010.

http://www.kontrollamt.wien.at nachgesehen am 14. März 2013.

http://www.kontrollamt.wien.at/ausschuss/berichte_ausschuss.htm nachgesehen am 10. April 2013.

http://www.uni-potsdam.de/pm/news/up/date/2013/07/04/2013-107.html nachgesehen am 8. Juli 2013.

http://www.wien.gv.at/medien/pid/inland/sprache/amtsdeutsch/nachgesehen am 11. März 2013.

Interne Quellen

Gender Mainstreaming - leicht gemacht Praxistipps für mehr Gleichstellung im Magistrat, MD-OS/Dezernat Gender Mainstreaming, Stadt Wien, Interne Quelle, Stand 2011.

Geschäftsprozessmanagement-Modell des Kontrollamtes der Stadt Wien, Interne Quelle, Stand 2013.

Leitfaden für geschlechtergerechtes Formulieren und eine diskriminierungsfreie Bildsprache Arbeitsanweisung Magistrat Wien, Interne Quelle, Stand 2013.

Pflichtenheft für die Beschaffung der Software „CLAT", Interne Quelle, Stand 2008.

Tätigkeitsbericht des Kontrollamtes der Stadt Wien von 2008, Interne Quelle, Stand 2008.

Tätigkeitsbericht des Kontrollamtes der Stadt Wien von 2009, Interne Quelle, Stand 2009.

Tätigkeitsbericht des Kontrollamtes der Stadt Wien von 2010, Interne Quelle, Stand 2010.

Tätigkeitsbericht des Kontrollamtes der Stadt Wien von 2011, Interne Quelle, Stand 2011.

Gesetze, Verordnungen und Erlässe:

Bundesgesetz über die Organisation der Universitäten und ihre Studien (Universitätsgesetz 2002 - UG) § 62.

Bundesgesetzblatt für die Republik Österreich, kundgemacht am 10. November 1920, BGBl. I, 1920/1.

Bundesgesetzblatt für die Republik Österreich, kundgemacht am 2. Jänner 1930, BGBl. I, 1930/1.

Bundesgesetzblatt für die Republik Österreich, kundgemacht am 8. August 2000, BGBl. I, 2000/1.

Bundesgesetzblatt für die Republik Österreich, kundgemacht am 26. Juli 2011, BGBl. I, 2011/1.

Erlass zur Neuregelung der deutschen Rechtschreibung für die Dienstbereiche der Bundesministerien für Unterricht und kulturelle Angelegenheiten, Wissenschaft, Verkehr und Kunst, kundgemacht am 15. November 1996, Verordnungsblatt (V. Sondernummer), 1996.

Geschäftsordnung für den Magistrat der Stadt Wien, Abschnitt V, § 38, (1), Stand 2013.

Landesgesetzblatt für Wien, Jahrgang 2001, Gesetz z. Schutz geg. Baulärm, § 1.

Verfassung der Bundeshauptstadt Wien, Stand 2013.

Verordnung des Bundesministers für öffentliche Wirtschaft und Verkehr vom 29. Jänner 1988, mit der die Eisenbahn-Kreuzungsverordnung 1961 geändert wird, kundgemacht am 3. März 1988, BGBl. I, 1988.

18. Verzeichnisse

18.1 Abkürzungsverzeichnis

Abb.	Abbildung
Abs	Absatz
APA	Austria Presse Agentur
Art.	Artikel
B-VG	Bundes-Verfassungsgesetz
BGBl.	Bundesgesetzblatt
bspw.	beispielsweise
bzgl.	bezüglich
bzw.	beziehungsweise
ca.	circa
CD	Compact Disc
CLAT	Controlled Language Authoring Technology
d.h.	das heißt
E-Mail	elektronische Post
EDV	elektronische Datenverarbeitung
e.g.	exempli gratia
et al.	et alia
etc.	et cetera
Fa.	Firma
ff.	folgende Seite bzw. Seiten
GEM	Geschäftseinteilung für den Magistrat der Stadt Wien
gem.	gemäß
GOM	Geschäftsordnung für den Magistrat der Stadt Wien
HMZ	Hauptmietzins
IAI	IAI - Institut der Gesellschaft zur Förderung der Angewandten Informationsforschung e. V. an der Universität des Saarlandes
INTOSAI	International Organisation of Supreme Audit Institutions
i.T.	in Tausend
k.k.	kaiserlich-königlich

MD-OS	Magistratsdirektion - Geschäftsbereich Organisation und Sicherheit
Mio.	Millionen
MPRO	Morphologisches Programm
Nr.	Nummer
o.g.	oben genannt
PKW	Personenkraftwagen
Rep.	Republik
rd.	rund
RVS	Richtlinien und Vorschriften für das Straßenwesen
s.	siehe
S.	Seite
SMS	Short Message Service
StGBl.	Staatsgesetzblatt
Tab.	Tabelle
TÜV	Technischer Überwachungsverein
u.a.	unter anderem
u.dgl.	und dergleichen
usw.	und so weiter
vgl.	vergleiche
vs.	versus
WStV	Wiener Stadtverfassung
z.B.	zum Beispiel
z.T.	zum Teil

18.2 Abbildungsverzeichnis

19. Anhang

Anhang 1 - Interview und Auswertung der Fragebögen auf beigefügter CD.
Anhang 2 - Termini Verwaltungssprache der Kontrolleinrichtung
auf beigefügter CD.

Abstract

Einleitung

Aus ihrer Entwicklung umgibt die Verwaltungssprache eine sprachliche Normierung im Hinblick einer Allgemeinverbindlichkeit gegenüber den Adressatinnen bzw. Adressaten, wobei deren historische Kodifikation sowohl in Wörterbüchern als auch in sonstigen Aufzeichnungen niedergeschrieben wurde.

Inwieweit im Hinblick einer optimalen Verständlichkeit und Lesbarkeit der Verwaltungssprache und deren Texte für die Adressatinnen bzw. Adressaten diese Ziele mithilfe einer EDV-Unterstützungshilfe zu erreichen sind, soll die vorliegende Arbeit zeigen.

Methodik

Im Rahmen der durchgeführten Untersuchung wurden sowohl eine historische als auch eine empirische Betrachtung der Verwaltungssprache und deren Einflüsse auf die Adressatinnen bzw. Adressaten am Beispiel der erstellten Prüfberichte einer öffentlichen Kontrolleinrichtung vorgenommen. Dabei wurden sowohl ausgewählte Indikatoren bewertet, als auch persönliche Interviews mit den Verfasserinnen bzw. Verfassern der Berichte durchgeführt und analysiert.

Ergebnisse

Innerhalb des Untersuchungszeitraumes konnte eine deutliche Verbesserung der Lesbarkeit der Dokumente durch optische Formatierungen wie z.B. Aufzählungen oder Listendarstellungen erreicht werden. Die Erhöhung der Verständlichkeit des Textes im Sinne von Lesbarkeit wurde schon nach kurzer Zeit anhand einer verstärkten Setzung eines oder mehrerer Bindestriche erreicht.

Die Verständlichkeit der Dokumente konnte zusätzlich verstärkt werden, wie bspw. durch die Verringerung der Distanz zwischen den Verbteilen, der Vermeidung von Nomen mit ungewöhnlichen Partizipialattributen und der Zerlegung von mehrgliedrigen Komposita.

Diskussion:

Die vorliegende Untersuchung zeigt bereits im ersten Jahr des Beobachtungszeitraumes eine deutliche Verbesserung in Bezug auf Lesbarkeit und Verständlichkeit der Prüfberichte. Dies betrifft auch die Aussagen hinsichtlich der verbindlichen Einhaltung der „Gendergerechten Formulierungen" in der österreichischen Verwaltungssprache, wobei durch Umformulieren des Satzes die bzw. der Handelnde eindeutig in den Prüfberichten benannt werden soll.

Die Ergebnisse dieser Arbeit unterstreichen, dass Verbesserungen der Qualität der Verwaltungssprache am Beispiel der Prüfberichte feststellbar sind, allerdings lassen die einzelnen Auswertungen der zusätzlich untersuchten Indikatoren weitere Optimierungspotenziale zur besseren Verständlichkeit der Texte erkennen.

Introduction:

The administrative language is historically characterized by a linguistic standardization, which is generally binding towards the addressees. It has been written down both in dictionaries and other documents.

This thesis analyses to what extent a computer sustained programme can improve the administrative language and its texts to be comprehensible for the recipients.

Methods:

Within the conducted study both an empiric and a historic examination of the administrative language and its influences on the addressees by taking the example of reports, which were made by an official institution, were conducted. In order to do so, specific indicators were evaluated. Individual interviews with the authors of these reports were conducted and analysed.

Results:

During the examination period a distinct improvement of the readability of these documents through visual formatting e.g. recital or numeration has been achieved. By intensified use of hyphens, comprehensibility of the texts increased after a short time. Additionally, the comprehensibility of the documents has been enhanced, for example by decreasing the distance between parts of verbs, by avoiding nouns with unusual participle and by partition of multiple compounds.

Discussion:

The present study shows, that already in the first year of the observation period there are significant improvements concerning readability and comprehensibility of the reports. This affects the gendered formulations within the Austrian administrative language. By re-writing a sentence it is assured, that the acting person is addressed properly.

The results of this thesis emphasize identified improvements of the quality of the administrative language used in the reports. However, the evaluation of additional indicators has yielded that there is still potential to enhance the comprehensibility of these texts.

www.ingramcontent.com/pod-product-compliance
Ingram Content Group UK Ltd.
Pitfield, Milton Keynes, MK11 3LW, UK
UKHW041822290926
8980IPUK00002B/8

9 783631 654934